3行で人を動かす文章術

世界一シンプルな方法で結果を出す

尾藤克之
BITO KATSUYUKI

WAVE出版

はじめに　——文章は最初の3行がすべて

私たちの日常には、物事をわかりやすく伝えなければいけない場面がたくさんあります。しかし、大量の情報があふれる中、相手に関心を持たれない情報は、容易に読み飛ばされてしまいます。そのためには、シンプルにわかりやすく伝えることが大切です。

文章には、「人を動かす」「結果を出す」「知ってもらう」「理解を深める」「説得する」「記録として残す」など、多くの目的があります。目的を達成するには「刺さる」「伝わる」「心をつかむ」ことを意識しなければいけません。その目標達成に必要なのが本書の主題でもある3行だと考えています。

つまり約3行でフックがかからないと、それ以降を読んではもらえません。フックで「刺さる」「伝わる」「心をつかむ」ことを訴求して相手の心をつかむことが必要なのです。

私は約10年前からニュースサイトで記事を執筆するようになりました。ここ3年くらいは記事のイントロ（前振り部分）を3行（100文字程度）に固定しています。イントロは文字数が多くては読んでもらえません。結論を書くには唐突すぎます。適度な〝シズル感〟が伝わらないといけません。つまり、読むための理由になるものを表現できるかが大切なのです。

不特定多数の人に読んでもらう文章であっても、事前に読者ターゲットを意識し、年齢、性別、職業を想定する必要があります。子どもか大人か、男性か女性か、会社員か自営業者か、または、新人か中間管理職か役員か、あらゆる階層を想定しなければいけません。

同じテーマでも、ターゲットによって、取り上げるべき情報、文章の構成は大きく変わります。写真を撮る際に、メインの被写体にピントを合わせるように、文章でも同じようにピントを合わせなければいけません。

スポーツについて書く場合、「スポーツ」という設定では、十分とはいえません。スポーツが好きな人全般がターゲットまでです。ターゲットをグッとしぼることで、スポーツも、種類や、地域、話題性など切り口はさまざまです。どんな記事にするのかが決まります。

それでも、どんな文章が伝わるかは、プロの文筆家でもわかりません。しかし、「伝えたいことがハッキリしている文章」には、必ずハイライトがあります。今回は、簡潔にわかりやすく伝えることを中心に、文章を書くために必要なエッセンスとテクニックをまとめました。

それでは、本書を読み終わったあとの皆さんとの再会を楽しみにしています。

尾藤克之

3行で人を動かす文章術◆目次

はじめに　――文章は最初の3行がすべて……001

第1章　言葉で〝9割〟評価される時代

01　相手によって伝わり方のレベルがある……010
02　伝えた〝つもり〟から脱却せよ……014
03　あの人の言葉が胸に響く理由……017
04　男性向け、女性向けの違いを理解する①……022
05　男性向け、女性向けの違いを理解する②……027
06　「させていただく」に要注意……031

第2章

そもそも「伝わる言葉」とは何か？

07 書くことを怖れずに書きはじめよう……038
08 文章を書く際にはアウトプットを意識する……043
09 世の中とは〝逆張り〟の視点を持つ……047
10 WebやSNSで好かれる言葉、嫌われる言葉……052
11 倒置法を効果的に利用する……058

第3章

基本を押さえてスムースな文章を組み立てる

12 最初に遵守すべきルールや基本的な枠組みが存在する……064
13 〝読まれる文章〟の基本スタイルを理解しよう……068
14 文章の抑揚と接続詞との密接な関係……072
15 臨場感を高めると読者の頭の中で何が起きる？……076

16 推敲には徹底的にこだわる……080

第4章 3行で心をつかむ技術

17 伝えたいことをまとめた3行から〝つかみ〟を作る……086
18 タイトル、フックで一気に引き込む……091
19 タイトルやコピーの重要性を理解する……094
20 人は印象ですべてを判断する……100
21 書き出しはポジティブが基本……104
22 文章がうまくなりたいなら丁寧にコピペせよ……108
23 〝自分の型〟を用意する……113

第5章 言葉に磨きをかける一歩進んだテクニック

24 実は難しい謝罪の文章 124
25 うまい謝罪は企業価値を高める 129
26 慣用句はきちんと理解して使わないと恥をかく 133
27 数字のトリックを効果的に使う 141
28 「炎上、インフルエンサー？ ハァ？」と思ってもらいたい 145
29 読者にとってのベネフィットとは何か 148

第6章 文章は誰の視点で考え評価を求めるか

30 画像を効果的に使ってあの手この手で注目させる 154
31 「伝えたいこと」を読者の印象に残すには？ 157
32 時代はアウトバウンドからインバウンドへ 160
33 「付加価値」や「独自性」の正体とは？ 164
34 絶対に使ってはいけない政治家言葉 170

第7章

そのメール、相手に刺さりますか？

35 メールという道具の〝役割〟を考えてみよう……176
36 相手を不快にさせるメールに要注意……179
37 相手を不快にさせないクッション言葉……182
38 メールは気を利かせるだけで印象が変わる……190
39 謝罪メールはフォーマットを用意しておく……194
40 メールは会話調にするとよくわかる……200

おわりに……205

プロデュース&編集協力　貝瀬裕一（MXエンジニアリング）
ブックデザイン　bookwall
本文DTP制作　津久井直美

第1章

言葉で〝9割〟評価される時代

01 相手によって伝わり方のレベルがある

日々の情報収集で欠かせないのは、話題になっているニュースのチェックです。ただ、それほど頻繁に話題になっているわけではないものの、「これはうまい！」と思うニュースが時折あります。うまく書かれているニュースには共通の特徴があります。それはわかりやすく、伝わってくることです。

日記などの私的なものを除けば、どの文章にも必ず「読者」がいます。個人的なブログやプレゼン資料、手紙やメールにいたるまで、あらゆる文章には読者が存在します。しかし、読者が漠然としているというケースがほとんどではないでしょうか。

たとえ不特定多数の人に読んでもらう文章であっても、事前に読者ターゲットを想定しておかなければいけません。

「何を今さら当たり前のことを」と思われるかもしれませんが、実際には対象をきちんと想定できていない文章がとても多いのです。

それではターゲットはどのように想定し、決定していけばよいでしょうか。

最初に、年齢、性別、職業を想定しなければいけません。

たとえば、子どもか大人か、男性か女性か、会社員か自営業者か、またまた、新人か中間管理職か役員か、あらゆる階層を想定しなければいけません。

また、同じテーマであっても、ターゲットによって、取り上げるべき情報、文章の構成は大きく変わってきます。

写真を撮る際に、被写体に合わせてアングルやピントを設定するように、文章でも同じようにアングルやピントを決めなければいけません。

まずは文章を読ませるターゲットを決めましょう。

読者を具体的にイメージする

私は、ニュース記事を書くとき、なるべく具体的に読者をイメージしています。

たとえば、スポーツについて書く場合、「スポーツが好きな人」という設定だけでは、読者をしぼったことになりません。スポーツも、種類や、地域、話題性など切り口はさまざまです。ターゲットをグッとしぼることで、どんな記事にするのかが決まります。

仮に、男性、40代、サラリーマンに向けた記事を書くとしましょう。

これをさらに具体化してみます。大阪市在住／中小企業勤務／営業職／独身／地元愛が強い、このように設定すれば、記事の内容は、〝阪神タイガース〟でキメ打ちができます。

・タイガースを知らない人のために1985年の日本一を解説する
・タイガースファンが集う聖地をめぐる

・タイガースファンが教える、合コンに適した話題の店ガイド

このようなテーマであれば外すことはないでしょう。ライフスタイルは人によって異なりますが、読者の事情を考慮して文章を書かなくてはなりません。**読者のイメージを明確にすることは、文章のテーマ（切り口）を決めることにもつながる**ということです。

誰に向けた文章なのか、どういう行動をうながしたいのかなどを想定することは、文章を書くうえで大きな意味を持ちます。

文章を書きはじめてからも、言葉や表現に迷うことがあったら、いったん立ち止まり、ターゲットを再確認することをおすすめします。

慣れてくれば、ターゲットの顔、ライフスタイルなどを細かく具体的にイメージできるようになるはずです。こうして、よりターゲットを意識することで、あなたの伝えたい内容も伝えたい相手にきちんと伝わるようになるはずです。

02

伝えた〝つもり〟から脱却せよ

文章力のある人は、難解な言葉を使わずに説明する技術に長けています。それが文章のプロです。時折「難解な言葉を使うと文章のレベルが高くなる」と勘違いしている人がいますがこれは要注意です。

人は文章を読む際に、自分の〝メガネ〟に投影させて評価をする傾向があります。メガネとはその人の「価値観」のことですが、せっかくならば**多くの人に共通するメガネに合わせたほうが得策です。そのほうが間違いなく読者の気持ちにミートするからです。**

たとえば、業界における独特の言い回しや専門用語を「どのように言い換えれば普通の人たちに伝わるか」考えなければいけません。

難しい言葉、専門用語はわかりやすく書き換える

ニュースを見ていてもわかりますが、政治家は、わかるようなわからないような独特の表現を使います。「虚心坦懐《きょしんたんかい》に」「遺憾《いかん》の意」「真摯《しんし》に受け止め」「諸般の事情に鑑《かんが》み」「明鏡止水《めいきょうしすい》の心境です」、そして最近、話題になった「忖度《そんたく》する」など、政界ではそれ単独では意味がわからない言葉が当たり前のように使われています。

メディアに説明する際には、その都度、わかりやすい言葉に置き換えなければなりません。

次の文をお読みください。

例

結果は厳粛《げんしゅく》に受け止め、国民の皆さまと真摯《しんし》に向き合っていきたいと思います。

これをメディアなどに発表する場合には、次のように修正しなければいけません。

例

本件を厳しく受け止め、積極的に国民の皆さまと向き合っていきたい思います。

専門用語やその業界では普通に使われている言葉は、慣れてしまうと正しい意味を理解せずに使ってしまうことがあります。

私は、議員秘書だったときには、1つひとつ意味を確認しながら、独特の言い回しを平易な言葉に置き換えて、ノートに整理していました。このようなトレーニングは、次のステップとなったシンクタンクやコンサルティング会社でも非常に役に立ちました。

皆さんの中にも「難しい言葉を使えば、知的に見える、しっかりした文章に見える」などと思い込んでいる方もいらっしゃるかと思いますが、言葉は一人歩きをしますので注意が必要です。

03

あの人の言葉が胸に響く理由

ホメたり持ち上げたりすると、「いえいえ、とんでもないです」などと謙遜する人がいます。とかく、日本では謙虚な振る舞いや話し方が尊重されます。しかし、文章の場合は謙遜しすぎると伝わりにくくなるので注意が必要です。

私は、基本的に自分の書く文章には自信を持つようにしています。**たとえ根拠がなかったとしても、自信を持つように振る舞うことが大切だ**と思っているからです。

これは、ほかのケースに置き換えるとわかりやすいと思います。

たとえば、ここに年齢40歳、中年太りで髪の毛が少し薄いけれど、とても優しい性格の桜井さん（仮名）という男性がいたとします。合コンで知り合った、20代女子の小野さんと（仮名）はすでに何回かデートを重ねています。彼が小野さんと付き合うにはどうしたらいいのでしょうか。

桜井さんは、自信や根拠がなかったとしても、精いっぱいの虚勢を張って小野さんと向かい合うはずです。そうしなければ、「小野さんと恋愛関係になる」という目的を達成することができません。

そして、仮に桜井さんにライバルがいたとします。

左門さん（仮名）という、大手銀行に勤務する30代のイケメン男性。K大出身のエリートでスポーツマンタイプ。社内では最年少のマネージャーとして将来を期待されています。

桜井さんは、見た目ではまったく勝負になりません。そんなとき彼は小野さんとどのように向かい合えばいいのでしょうか。

例

私はあなたと20歳以上も歳が離れています。見た目は決してカッコよくはありません。最近は髪も薄くなってきました。これまでのお互いの人生もまったく違うものでした。でも、この広い地球で僕たちが出会ったことは偶然ではないと思います。

自信を持つということは、普段見せられない自分をさらけ出すことです。ありのままを魅力的な言葉にすればいいのです。もし、こんな文章を小野さんが読んだとしたら、可能性は少し高まると思いませんか。

自信のある振る舞いを言葉にして表現することで説得力が増すのです。

元首相の田中角栄が、44歳で大蔵大臣（現・財務大臣）に就任したときのスピーチがあります。このスピーチは「伝説のスピーチ」ともいわれ、多くの政治家が就任の際に引用することでも有名です。どのような内容か、参考までに紹介します。

私が田中角栄だ。尋常小学校高等科卒業である。諸君は天下の秀才ぞろいであり、財政金融の専門家ぞろいだ。しかし、私は素人ながらトゲの多い門松をたくさんくぐってきたので、いささか仕事のコツを知っている。一緒に仕事をするにはお互いを知ることが大切だ。大臣室のドアはいつでも開けておくから、誰でも大臣室に来てくれ。なんでも言ってくれ。上司の許可を得る必要はない。できることはやる。できないことはやらない。しかし、すべての責任はこのワシが負う。以上。

自信を持って断定するから読者に伝わる

文章に限らず、言葉は自信のある論調にしたいものです。

そのためには、**「断定して言い切る」**ことが大切です。言葉にする際には、なるべく多くの人の共感を得たいと思うものですが、「断定して言い切る」際は、読者に迎合する気持ちを排除しなければいけません。**断定することで反発する人も増えますが、その分味方も増えて相手に言葉が刺さりやすくなるものです。**

次の文を読んでください。

例

1　東大に合格するなら、この参考書はいいかもしれません。
2　東大に合格するなら、この書籍を読むべきである。

1よりも2のほうが、読もうという気持ちにならないでしょうか。

ところが、多くの人は「断定して言い切る」ことができません。批判を浴びるのが「怖い」からです。

例

1 来期の経営計画は課題を精査し熟慮したうえで策定します。皆さんもがんばってください！

2 来期の経営計画はこれでいきます。やらせてください！

あなたが社員の立場なら、どちらのメッセージにやる気を感じますか？

自分の意思を持たない書き方は文章を読みにくくします。さらに、抽象的で何を言っているかわからないので不快感を与えます。

断定するほうが伝わりやすいことがおわかりいただけたかと思います。文章を書く際には慎重になりすぎて、あれこれと気を揉むよりも腹をくってください。読んだ人から嫌われてもかまわないという勇気を持ちましょう。

文章では、伝えたいメッセージを主張しなければ意味がありません。**主張がない限り、読者にとって得られるメリットもないので、伝わることもありません。**

04

男性向け、女性向けの違いを理解する①

その文章は、男性読者に向けたものですか？　それとも女性読者に向けたものですか？

もし、あなたが書き手として成功したいのなら、男性と女性の思考の違いについて理解したほうがいいでしょう。

「学歴コンプレックス」という言葉があります。学歴は一生ついてきます。でも、学歴で人生が決まるわけではありません。学歴コンプレックスに悩むのは圧倒的に男性です。

一方で、女性で学歴コンプレックスを持っている人はほとんど見かけません。今の男性社会では、「頭脳明晰とか東大出身という学歴はかえって邪魔になる」と考える女性も少なくありません。

男性は過去の失敗にこだわります。大学の偏差値などにこだわるのも同じことです。大学の偏差値が低いのは「男性としての能力が低い」とレッテルを貼られたことと同じです。会社組織に所属している人ほど、学歴や偏差値を引きずります。

また、女性よりも男性のほうが過去の恋愛（失恋）を引きずる人が多いのは、「男性としての能力が低い」ことと同じだからでしょう。

女性は争いごとを嫌い、共感を大切にします。学歴が邪魔になることはあっても、男性の場合のような意味ではありません。

男性は物事のプロセス（過程）よりも「結果」がすべてです。仕事に一度失敗しただけで、ずっと引きずって落ち込んでしまいます。それに対して**女性は、プロセス重視ですから、過程における「楽しさ」「面白さ」「やりがい」といった感情を揺さぶられることに関心を抱きます。**

また、男性の会話の中心は「自分」であるのに対して、女性は「みんな」になります。女性は結果にこだわるよりも、「みんなが共感したか」「みんなが喜んだか」といった視点を重視します。

男性は、1つの結果がダメだったら、すべてが台無しと考えますが、女性は過去から学ぶことができます。人生にはいくらでもチャンスがあることを理解して切り替えることができます。

男性思考と女性思考の違いを理解する

このように男性と女性では「感じ方」や「求めていること」がまったく異なるということがおわかりいただけたかと思います。そこを理解せずに文章は成立しません。たとえば、次のようなケースはいかがでしょうか。京都旅行に行ったときの出来事を男性思考でまとめたものです。

例

東京10時発の新幹線に乗って、12時に京都に着いた。昼食を食べて、金閣寺に行ったが、時間に余裕があったので銀閣寺まで足をのばした。17時の新幹線で東京に向かった。

これは単なる事象の報告にすぎません。
女性思考でまとめるとどうなるでしょうか。

例

10時出発の新幹線だったので早起きしなければならなかったけれど、久々の旅でワクワクして目がさえちゃって、前の日はなかなか眠れませんでした。金閣寺に行って、紅葉を見ながら散歩しました。すごくきれいだったので、たくさん写真を撮っちゃいました。お昼には精進料理を食べたんですけど特にお野菜がおいしかったです。

大きな違いは論理的か感情的かの差です。女性からしたら男性の話は、「へぇー。だから？」「つまらない……」という感じになります。しかし、男性は女性よりも論理的に思考する傾向が強いので、そこに至るまでの筋道や結論、理由、答えを話の中に含めます。
女性は感情が優先します。話の中に〝脈絡のない〟感情が込められます。感情的な会話のほうが女性の心に響きやすいのです。**「共感力」や「表現力」に富んだ文章のほうが女性読者には響く**わけです。

それでは、男性と女性の違いについて視点を変えてみましょう。

女性にとっても夢を語る男性は、とてもステキに見えます。ただ、その夢には具体的な姿が必要です。

たとえば、男性が「オレは将来、ビッグになって億万長者になる」と夢を語っても、今の状態がニートでは、「ビッグになって億万長者になる」ことは相当難しいでしょう。夢を語りつつも実現するための具体性がないと女性には響きません。

一方、女性にも変わらない特性があります。いくつになっても「王子様」を追い求める生き物だということです。言い換えるなら「お姫様願望」を捨て切れません。何歳になっても、自分を特別扱いしてほしいし、大切に扱われたいと思うのが女性です。

05

男性向け、女性向けの違いを理解する②

もし、あなたが女性向けに文章を書くのであれば、占いに精通していなければいけません。

男性は、原因と結果を論理的に分析することを好みます。そのため、きちんとしたデータが説得材料になります。それに対して女性は、プロセスと共感を重視します。

自分のことがどう思われるのか、どんな過程でそれが結びついて形になったかに興味を持ちます。

男性は根拠のない占いにあまり興味を持ちませんが、女性に占い好きが多いのはこのような「思考の違い」があるからです。

ですから、女性の前では、「占いなんか当たらない」とか「バカバカしい」「時間のムダ」などという態度を見せてはいけません。「占いは楽しいね」「僕と今度やろう」などと共感しなくてはいけません。結果として当たらなくても、ポジティブな結果が好まれます。

たとえば、「若い頃は波がありますが、結果的にステキな伴侶に恵まれて、幸せな人生を送ります」とか、「停滞期を乗り越えれば、幸せな未来がやって来ます」などと言って導いてあげると、女性はうれしくなります。

うれしいことを予言することは、安心を保障することと同じです。何回か導いてあげたら、女性の依存心が高まり、書き手に好意が寄せられることが想定できます。

男性はおだてられるのが好き

もし、あなたが女性で、男性向けに文章を書くのなら、男性の自尊心をくすぐることが大切です。相手のことを十分に認めればいいのです。

たとえば、次のようなケースがわかりやすいでしょう。

例

【資料を見てもらいたいとき】

女性「○○さんは、文章うまかったですよね。この資料、見てもらっていいですか？」

男性「どれ、貸してみな。文章を定型にしておけばこんなにラクだ。ほら、簡単だろう？」

女性「すごーい！　ありがとうございます」

【車で送ってもらいたいとき】

女性「○○さんは、運転がうまかったですよね。近くの駅まで送ってもらっていいですか？」

男性「ん？　どれどれ住所教えて！　あー家近いから送ってやるよ」

女性「すごーい！　ありがとうございます」

ホメられただけで、男性は瞬間的に気分がよくなり、すぐに肯定的な反応を返してきます。絶対にやってはいけないのが次のようなパターンです。

例

【社内懇親会の予約をしたとき】

女性「コレ、お店の見積りです。言われた通り一番安いお店を選んでみました！」
男性「どれどれ、何だこれは？　こんな店のどこがいいんだ？」
女性「でも、ほかのお店はすごく高いですよ。予算オーバーです！」
男性「バカ！　安けりゃいいってもんじゃないだろうが。何を基準にしてるんだ！」

このような場合は、次のようにアプローチしなければいけません。

例

女性「コレ、お店の見積りです。見積りが安すぎてちょっと不安なんです！」
男性「どれどれ、悪くないが、役員連中も来る可能性が高いから、もう少し豪華なほうがいい！」
女性「でも、ほかのお店はすごく高いですよ。予算オーバーです！」

男性「そこはどうにかする！　あまりに安っぽいとオレの顔にかかわるからさ！」

男性に響く文章、女性に響く文章はまったく異なります。男性と女性の「思考の違い」を理解することで、適切な文章が書けるようになるはずです。

06

「させていただく」に要注意

ここ数年でしょうか、よく耳にする違和感のある話し方に「～させていただきます」というものがあります。

立法府の最高機関である、国会でも一般的になりつつある言葉です。いつごろから使われ出したのかを調べてみました。「国会会議録検索システム」というデータベースで調べると、衆参すべての議事録が検索できます。

昭和50年度（1975年）には152件。昭和60年度（1985年）には241件。昭和から平成にかけては横ばいですが、平成21年度（2009年）に初めて400件を超え、平成30年度（2018年）は411件という推移でした。平成21年といえば、第172回国会で鳩山由紀夫内閣が正式に発足したタイミングです。

私が、違和感とともにこの言い方を最初に聞いたのが、「代表を務めさせていただいております」「質問させていただきます」という国会答弁だったと記憶しています。また、当時は、行政刷新会議が行なっていた「事業仕分け」なるものが注目されました。

正義の味方の民主党議員が、国家予算のムダづかいをする役人を懲らしめているような場面は記憶に新しいところです。このときに聞かれた「この事業は中止とさせていただきます」という説明にも違和感を覚えました。

民主党は選挙という国民の付託《ふたく》を経て政権を奪取しました。自らの政治信念から、政権交代を果たしたのであって、気おくれする必要はありませんでした。

「政治家は言葉が命」といわれますが、言葉をあまりにも容易に捉えてしまっていたように思います。本来、政治家に求められるリーダーシップからは、ほど遠い印象を与えてしまいました。普通に振る舞えばよかったわけです。

最近では、テレビでタレントがよく使っていますが、丁寧な話し方だと思っているのでしょうか。「出演させていただきます」「お付き合いさせていただいております」などは、過剰なへりくだりにしか聞こえません。

敬語を誤用すると品格を問われる

文化庁は「させていただく」について、「敬語の指針」の中で次のように解説しています。

基本的には、自分側が行うことを、相手側又は第三者の許可を受けて行い、そのことで恩恵を受けるという事実や気持ちのある場合に使われる。

私たちが耳にしている「させていただく」には、間違っているものが多いということです。次の文章を読んで下さい。わずか1行ですが、どのように感じますか。

例

先日お送りさせていただいた資料です。ご確認いただけましたでしょうか？

実際にこのような文章を書く人がいるので注意してください。この場合は、「先日、お渡しした資料をご確認いただけましたか？」くらいシンプルにしたほうがいいでしょう。

ほかにも、尊敬語と謙譲語の使い分けなどにおいて、明らかに間違った表現があります。

先日、テレビの料理番組で次のような表現を使っているアナウンサーがいました。

――**それでは、いただかさせていただきます。**

もちろん「いただきます」で十分ですね。

ほかにも、「拝見させていただく」という表現を使う人がいますが、これも間違いです。「拝見する」は「見る」の謙譲語です。「させていただく」も謙譲語ですから二重敬語になります。

敬語は基礎的なスキルですが、文章でも口頭でも使い方を間違えると品格を問われてしまいます。正しく使うことを心がけましょう。

第2章

そもそも「伝わる言葉」とは何か？

07 書くことを怖れずに書きはじめよう

セミナーをしていると、「文章を書きたい」と思う一方で「私にはできない」と考え込んでしまう人が多いことに驚かされます。その原因は、自分をほかの誰かと比較していることにあります。まずは、その間違ったメンタルブロックを取り外すことから始めましょう。

私たちが、日常使用する文章は、小説ではありません。仕事やメール、ブログやSNSで使用する文章に、小説のようなカッコよさは必要ありません。

ときどき「字が汚いから文章を書きたくない」という人もいます。思わず「あなたは書道家を目指しているのでしょうか？」と聞きたくなってしまいます。

かくいう私も驚くほどの〝汚文字〟です。小学生の頃は「ミミズがのたくったような字だね」と言われ、学生時代には、友人にノートを貸したところ、「もしかして、これはいま流行の速記？」と言われたことがあります。

そもそも文章は誰に向けて書くものでしょうか。多くの場合、自分ではなく相手に向けて書くものです。それに手書きのものを見せるわけでもありません。字がきれい（清い）、汚いを気にすることはありません。

また、小説家の文章は小説として読むにはいいのですが、日常的に使える文章とはいえません。少なくとも、この本を読んでいる皆さんが書こうとする文章ではありません。

楽しく自由に、わかりやすく書くことが、文章の基本です。言葉を形にして、伝えることに意味があるのです。芥川龍之介、三島由紀夫、川端康成などの文豪といわれる人たちも、最初からあのような文体で書けたわけではないと思います。皆さんも、まずは、書くことから始めましょう。

読み手側の理解のレベルに合わせる

次は、伝えるレベルを意識します。書き手はすでに自分が書きたいことを知っています。これを読者に伝えるにはどうしたらいいでしょうか？

私はコンサルティング会社に勤めていたことがありますが、社内では次のような言葉が飛び交っていました。たとえば、次のような感じです。

例

上司「今回のドキュメントだけどクライテリアをハッキリしたほうがいいね。レイヤーもわからないし。インプルーブする際にはインプリまで当社が担当するんだよね？　先方のクルデンシャルはどんな感じなの？」

部下「バスケットを入れ替えるので大丈夫です。インプルーブはインクルードの範囲です。あとクルデンシャルはこれから調べます」

上司「あとドキュメントがチャーミングではないね。すごくビジー（BUSY）な感じがするよ」

これをわかりやすく言い換えてみましょう。次のようになります。

例

上司「今回の企画書だけど判断基準をはっきりしたほうがいいね。組織や階層もわからないし。改善する際には最後までウチが担当するんだよね？　先方の実績や経歴はどんな感じなの？」

部下「中身を入れ替えるので大丈夫です。改善は企画の範囲です。あと実績や経歴はこれから調べます」

上司「あと企画書が魅力的ではないね。すごく詰め込みすぎな感じがするよ」

コンサルティング会社の人間であれば、それほど違和感を覚える使い方ではありませんが、一般的には意味が通じません。

相手に伝えるには〝わかりやすく〟伝えなくてはいけません。

特に若い人は、覚えたてのビジネス用語を使いたくなるものですが、注意が必要です。これには、「フレームワーク思考」「ゼロベース思考」「ロジカルシンキング」「3C分析」などの専門用語も当てはまるかもしれません。

皆さんもどこかで「伝えるなら小学生でもわかるように」という言葉を聞いたことがあると思います。「小学生でもわかるように」は、小学生が一番下という前提に立っています。

ところが、小学生も高学年になると受験対策でかなり難しい文章を読んでいることがあります。また、小学生低学年では、さすがに、大人の会話を理解させるのは困難です。

ですから「小学生」ではなく、「小学生の親」に聞かせるつもりで文章を考えてください。あなたがクラスの担任になって親に説明している状況をイメージしたら、わかりやすいでしょう。正確には、**「難しい言葉がわからない大人でも理解できる文章」**になります。伝えたい気持ちを、わかりやすい文章で残してください。

08

文章を書く際にはアウトプットを意識する

「記憶力」と「文章力」は両軸の関係にあります。なぜなら、文章を書くときには、脳に蓄積されている記憶から情報を引き出さなければいけないからです。

仕入れた情報はすべてインプットです。しかし、どんなに素晴らしい情報をインプットしても、それだけでは意味をなしません。最初に、情報の整理が必要になります。整理をするには、文字にするか、言葉にする作業が不可欠です。

私は、1年に数百冊の本を読み、数百本の記事を投稿しています。

読んだ本の内容を記事としてアウトプットすると、多くの読者から反響を得ることができます。そして、反響があることでいろいろ学ぶことができます。

たとえば、アクセス数の多さから「こういうタイトルは引きがいいな」と気づいたり、「この文章の流れはわかりやすいんだな」ということがコメント欄を読むことでわかったりするなど、知識がどんどん増えていきます。

もちろん、皆さんは私のように、インプットをすべて記事にすることは難しいと思います。しかし、**どんなに本を読んでもなんのアウトプットもしなければ、知は蓄積されません。**ですから、最初はメモ書き程度でもかまいませんので記録に残すことから始めてください。

あるいは、同僚や家族に話すだけでもアウトプットの効果は得られます。

たとえば、「会社のとなりにできた家電屋さんに行ってきたよ。人気のスマホが半額だったので思わず購入しちゃったよ」とか「新装開店した和食○○に行ってきたよ。ドリンク1杯にツマミ2品、税金とサービス料がついて1名5000円も取られた。ぼったくりだ！」などということで十分です。

「話す相手」や「話す内容」は問題ではなく、まずは自分が知ったことを誰かに話すことを習慣にしてみてください。

自分の意識を把握する方法

もし、あなたがすでに専門性の高い文章を書いているのであれば、一度ご自身の情報を〝たな卸し〟することをおすすめします。簡単なメモ書きレベルでかまいません。パソコンやスマホのノート機能にベタ打ちしてもかまいません。

これをするときのポイントは自分の意識を把握することです。

〈自分の感情や思考を振り返る〉

1日の仕事の終わりに自分の気持ちや仕事について振り返る時間を持つようにしてください。また、会議の場などで、自分が今、「どう感じているのか」「何をしたいのか」「何を考えているのか」について書き出してみてください。これは、自分の意識を的確に描写するトレーニングです。

例

○今の気分を意識的に感じるようにする。

(例)仕事に疲れたなあ、どうもスッキリしない、まだ眠い。

○自分の今の気持ちを言葉にしてみる。

(例)仕事を一生懸命するのがバカらしい。ふざけやがって。

○1日の感情の動きを記録してみる。

(例)今日も相当がんばったな。かなり忍耐力がついてきた。

○感情の因果関係を理解する。

(例)原因は、バカ上司と、アホな部下のせいだ。俺は悪くないのに。

外の世界で起きていることや、他人についての文章を書くのは難しいと思っている人でも、自分のことであれば、比較的書きやすいのではないでしょうか。

自分のたな卸しをしていくことで、今の感情が理解できます。自分の感情が理解できれば、自分の意見や考えが明確になっていきます。

書くことで、人は思考を深めることができます。自分のたな卸しをするトレーニングは遷移《せんい》観察ができるので、1カ月は試してみてください。

今の自分と1カ月前の自分を客観視することで気づくことがあるはずです。本当の自分を知るきっかけにもつながります。

09

世の中とは〝逆張り〟の視点を持つ

「逆張り」という言葉があります。

元々は相場の取引で、商品の人気が高いときに売り、低いときに買うことをさしました。ほかには、運にめぐまれていない人、相場の流れをつかめていない人とは逆の動きをすることを意味します。「向こうを張れ」は相場の鉄則です。

「芸能人Aがパワハラで逮捕」「甲子園常連C校で日常的な体罰」――このようなニュースが流れれば、ほとんどのニュース、ワイドショーは、この流れに乗った報道をするはずです。

当然ながら、コメンテーター、ジャーナリストの書く記事も同様です。このときに、論理性を維持しながら逆張り記事を掲載すれば注目を浴びやすくなります。

たとえば、「芸能人Aがパワハラで逮捕！　その報道されない事実とは？」とか、「甲子園常連C校で日常的な体罰！　しかし地元では監督を擁護する署名活動が」といったものです。このような内容であれば刺激的です。逆張りというのは、世の流れとは逆を行くため、より客観性が求められます。

ビジネスにおける逆張りの例

逆張りの考えは、ビジネスの場面ではリスク分散の考え方として、一般的に使用されています。

たとえば、2019年の10月から消費増税が実施されるといわれていますが、自動車業界がどのように動くかを考えてみましょう。

仮に、増税前の駆け込み需要で販売特需が期待できるとします。各メーカーもそれに向けた攻勢をかけると予想できます。すると、販売競争は激化しますが、自動車のメンテナンス分野や、自動車保険など付帯分野に投資することでリスク分散が可能になります。

別のケースを見てみましょう。あるベッドタウンが世界的に有名なGMS（総合スーパー：General merchandise store）を誘致しました。映画館やコンサートホールも併設されていてかなり大きな規模です。おそらく地元の商店街は大打撃を受けるでしょう。ですが、このような施設を苦手とする人たちも必ず一定の数存在します。たとえば、高齢者の方たちにとってこのような施設はむしろ不便です。また自動車を運転しない人たちにとっても行きづらい場所です。

近所のスーパーなら、人参やキュウリなどを1本だけ買うということもできますが、このような場所ではそうもいかないでしょう。だったら、地元の商店街は、高齢者を取り込むための施策を考えればいいのです。これは、商店街から見た逆張りの戦術です。

逆張りの文章は多くの人目を引く

ここで、私が昨年ネットメディアに投稿した記事のうち、逆張りで話題になったものを紹介します。Yahoo!ニュースでかなり注目されて、アクセスが国内1位となった記事です。

ポイントの部分を引用します。

タイトル：「24時間テレビ」を批判するだけで、何もしない人の摩訶不思議！

そういえば、今年の夏は例年にない酷暑でした。数年前に「アイス・バケツ・チャレンジ」がブームになったのを覚えているでしょうか。筋萎縮性側索硬化症（ALS）の研究支援には、一定の効果があったものと思われます。多くの著名人がチャレンジに参加して、「継続の必要性」を訴えていました。しかし、今年のような暑い夏に、なぜ氷水をかぶらないのでしょうか。「元々チャリティーだし」、「やった

のは芸能人や有名人だし」というのであれば非常に残念です。疾病や福祉に対する意識啓蒙を深めるためにも、継続は必要です。

『24時間テレビ「愛は地球を救う」』（日本テレビ系）は、1978年から毎年8月下旬に生放送されている有名なチャリティー番組です。

番組終了後は、その是非を含めて議論になります。昨年、番組終了後のワイドショー番組で、番組を批判する意見が多かったことから、問題提起のために逆張り記事を掲載しました。

ポイントは、「社会福祉活動をしていない人に番組批判をする資格がありますか？」、そして「アイス・バケツ・チャレンジで氷水をかぶっていた人は、今は何をしていますか？」という皮肉です。

このような、逆張りの投稿をしている人がいなかったので非常に話題になりました。逆張りの記事は影響力が強いため、激しい批判を浴びることもあります。

もし、皆さんに、批判を恐れない覚悟があるのなら、おすすめします。正々堂々と正面から何もいえない人のことが「気の毒」に思えるようになるはずです。

10 WebやSNSで好かれる言葉、嫌われる言葉

SNSに投稿する人は大勢います。しかし、今日のランチや自撮りなど「いったい誰がこんな情報を見て喜ぶのだろう?」と首をかしげてしまうようなものが少なくありません。

もし、あなたが読者を引きつけてアクセスを上げたいのであれば、まず読者のメリットを考えなくてはいけません。

「今日のランチ」というテーマで記事を投稿しても、芸能人などの著名人でもない限り、ランチそのものによほどのインパクトがなければ、読者の興味は引きつけられません。

そんなときに、もしステキな写真とともに次のような記事があったとしたらどうで

しょうか。

例

コンラッド赤坂の○○では世界最先端のアフタヌーンティーが楽しめます。その名も『ストロベリー・サマー・アフタヌーンティー』です。「スーパースイートベリー」の大粒のみを使い、5種類のスイーツが楽しめます。スイーツを飾る階段式のプレートも圧巻です。さらに、グラスシャンパーニュのおまけ付き。14時～16時まで限定50食、しかもお値段は2980円という優しさ。イチゴとシャンパーニュのコラボレーションをお楽しみください。女子必見です！

ここまで書ければ、もはや立派なメディアといえます。「あの人の投稿はとても参考になる！」と読者が増えるかもしれません。

読者にとって価値のある情報とは「どこで食べたか」ではなく、「何が得られるか」のヒントが散りばめられている情報です。

たとえば、「今日、これから休憩したいけどどこに行こうかな」と思ったときに、思い浮かべるような内容でなければいけません。写真の質と同等に、添えられている文章がみすぼらしいとリアリティが伝わりません。

読まれるためにポイントをしぼり込む

また、一般的な文章以上に、特にブログやSNSの場合、伝える際のポイントは大幅にしぼり込む必要があります。なぜなら、ブログやSNSは本や雑誌の文章のように長文向きではないからです。

スマホで読む場合、文字は小さくて読みづらくモニターを眺めつづけると目が疲れます。そのため、30秒〜1分程度でさらっと読めるような短文が好まれます。

たとえば、ツイッターでは140文字という文字数制限があります。まずはこの140文字で魅力的に伝えることを目指してみてはいかがでしょうか。

先ほどのスイーツに使われているイチゴを写真とともに掲載します。あなたはどのような紹介文を書きますか？

例

【例1】

イチゴはバラ科の多年草です。種子に見える一粒一粒の痩果《そうか》がついた花托《かたく》部分が食用として食べられます。甘みがあるため果物として位置づけられますが、草本性の植物であることから野菜として分類されることがあります。

【例2】

宝石のようにきらびやかに輝く〝芳醇《ほうじゅん》なイチゴ〟を発見。

一般的に考えて、後者のほうがより多くの「いいね！」やリツイートを集めます。

【例1】は、イチゴの詳細を知りたい人であれば、よい内容だと思うかもしれません。しかし、今からスイーツを食べる人にとっては言っていることの意味がわかりません。何が売りなのか、アピールポイントが伝わりません。

【例2】は、誰でもこのイチゴの最大の特徴は、宝石のようにきらびやかに輝いていることだとわかります。誰でも理解できるよう、アピールポイントをハッキリ説明することが大切です。

「複数の視点」を持つことで書く力がアップする

そして、最後に大切なヒントを紹介します。ブログやSNSの更新を継続するうえで大切なのが「ネタ切れ」を起こさないようにすることです。最初は毎日のように投稿していたけれども、だんだんと書くことがなくなり、気づいたら何カ月も放置しているという人はたくさんいます。

そもそも個人ツールなので、三日坊主で終わっても自分の人生や世の中に何か影響があるというわけではありません。

しかし、ビジネスの集客や宣伝ツールとしてブログやSNSを使っているという人たちは、そういうわけにはいきません。ネタ切れはビジネスの成否を左右する大きな問題です。可能であれば、継続して最新情報を投稿していきたいものです。

ネタ切れ防止のためにおすすめしたいのが「複数の視点」を持つことです。

たとえば、イチゴの記事を書こうとしたとします。イチゴの種類を紹介する限り、記事の数は増えません。1種類につき1記事しか書けません。

しかし、イチゴを、産地、栽培、売れ筋、価格から始まって、「おいしい食べ方あれこれ」「どんな飲み物が合うのか」「こんな歴史上の人物もイチゴが好きだった」「日本で初めてイチゴを食べた人物」「1粒10万円の幻のイチゴがある」などと細分化したらどうでしょうか。イチゴのカテゴリーだけでかなりの数の記事を書けます。

視点が多いほど切り口は多様になり、1つのテーマであっても、媒体やターゲットに合わせて複数の記事を書き分けられるようになります。

文章を書く際は、頭を柔軟にしてさまざまなアプローチを考えましょう。考えているうちに物事を見る視点も変わっていくはずです。また、これを繰り返すうちに、書くネタに困らないどころか、「書く力」も増していくはずです。

11

倒置法を効果的に利用する

最近、メディアへの露出が少なくなった小池百合子東京都知事。

しかし、彼女が数年前まで政治の中心にいたことは間違いありません。

２０１６年の東京都知事選挙に小池氏は打って出ます。結果は、小池氏が291万2628票（44・49パーセント）を獲得し、自民・公明などが公認する増田寛也氏や、民進・共産・社民などが公認する鳥越俊太郎氏らを退け、女性として初めて東京都知事に就任します。

与党公認の増田氏は、１００万票以上の大差をつけられます。投票日直前では接戦となるという予想も伝えられていましたが、結果は小池氏の圧勝。永田町の風景を一変させ、有権者は小池氏の一挙手一投足に酔いしれました。

では、人びとは小池氏のどこに酔いしれたのでしょうか？

私は、その1つが「倒置法」ではないかと考えています。

倒置法とは、語や文節を、普通の順序とは逆にする表現法のことです。論調に濃淡をつける効果があります。

たとえば、単純なものとしては「早く行こうよ」を倒置法を使って言うと、「行こうよ、早く」になります。あるいは、「今日はいい天気だね」は「いい天気だね、今日は」になります。

・膨れあがるオリンピック予算。1兆、2兆、3兆って、豆腐じゃないんですから！
・見てください、この資料。ほとんど真っ黒に塗られて、のり弁じゃないんです！

小池氏ほど倒置法を効果的に使った政治家はいません。

相手を追及するかのような強い論調から異質なものに話を変化させます。聴衆はこのタイミングで笑みを浮かべます。倒置法を使うことで緊張感を和らげているのです。

この倒置法は、小池氏のみならず、政治家が聴衆に語りかける際のテクニックとしても知られています。

元外務大臣の田中真紀子氏を覚えているでしょうか。彼女の話し方は倒置法とは異なりますが、話を和らげる演説に特徴があります。

たとえば、野中広務氏のことを「『もなか』だか『おなか』だか」、自民・自由・公明の連立内閣を指して「ジジ公（自自公）だかババ公だか」など。

今でも覚えている人は多いのではないでしょうか。

仕事でも使える倒置法

さてこの倒置法は、私たちが仕事で使うことができます。もちろん文章でも同じような効果を見出すことも可能です。

たとえば、仕事で話す相手がプロ野球チーム「読売ジャイアンツ」のファンだったとしましょう。打ち合わせには雑談から入ることが多いですが、次のように話すのです。

例

【倒置法のケース1】

自分「よかったですね！」

相手「ん?……」

自分「ジャイアンツが勝って！」

相手「あー、そうですね（笑）」

【倒置法のケース2】

自分「すごいですね！」

相手「ん?……」

自分「原監督の采配的中でしたね！」

相手「あー、そうですね（笑）」

【倒置法のケース3】

自分「やりましたね！」

相手「ん？……」
自分「菅野の奪三振ショーにはしびれました！」
相手「あー、そうですね（笑）」

もちろん、野球以外でも使えます。

たとえば、今日の天気について「よかったですね。晴れて」、先日教えてもらったお店について「素敵でした。昨日教えてもらったお店に行きました」、先輩が見ているドラマについて「感動しました。昨日のドラマ」など。

相手は「そうですね」としか答えようがありません。肯定的な言葉「そうですね」を引き出せるのですから、効果があると言っても間違いはないでしょう。

とはいえ、物事には程度というものがあります。過剰にやると効果を失ってしまいます。適量は1回の打ち合わせにつき1〜2回が理想です。

また、まったく効果が見られない場合は、ただちに使用を中止して適切な処置を行なうこと。くれぐれも、「使用上の注意」をお忘れなく。

第3章

基本を押さえて
スムースな文章を
組み立てる

12 最初に遵守すべきルールや基本的な枠組みが存在する

文章にはいくつかの基本的な枠組みがあります。非公開の文章であれば、なんでも自由に書いてもいいのですが、公《おおやけ》の場にさらす時点で責任がともないます。そのため、〝守るべき枠組み〟があることをあらかじめ理解しておく必要があります。

〝公の場の責任〟とはどのようなことでしょうか？

非公開の日記のように、単なる自己表現では済まなくなるということです。読んだ人への影響力、その文章が掲載されたメディアの評判も考えないといけません。また、あなたが文章を書く仕事をしているなら、文章によって実力を評価されます。

私の場合は、次の2つのポイントを重視しています。

根拠

一次的な情報（ある人から聞いた話など）を鵜飲みにせず、必ず裏づけや確認を取らなくてはいけません。これはすべての文章でいえることです。

２０１６年、ＤｅＮＡが運営していた医療系情報サイト「ＷＥＬＱ（ウェルク）」をはじめ、いくつかのサイトで不正確な記事や著作権の乱用が見つかりました。その結果、運営するサイトのいくつかが閉鎖に追い込まれました。特に、「ＷＥＬＱ」は医療系情報サイトでありながら、その内容はひどいものでした。

次のような記事を見て、皆さんはどのように思いますか（※まとめサイトから引用します）。

例

【肩こりは幽霊が原因】

「肩が重くなった」という言葉は、幽霊が憑いた時に広く使われていますよね。小説や漫画、ドラマや映画などで、聞いたことがある方は多いかと思います。肩の痛みや肩こりなどは、例えば動物霊などがエネルギーを搾取するために憑いた場合など、霊的なトラブルを抱えた方に起こりやすいようです。

「〜だそうです」「〜と言われています」という、あいまいな表現も多々見られ、とても情報と呼べる代物ではありませんでした。

特に、数字に関するデータを使用する場合には、必ず裏づけを取らなくてはいけません。

たとえば、医療系の記事を書くときには、厚生労働省の発表した数字や、学会のデータなどを引用して裏づけを取り、根拠として記載します。

あるいは、テーマにマッチした医師や研究者を取材して、そのコメントを載せる場合もあります。掲載する情報の精度を高め、そして自分を守るためにも手を抜いてはいけません。

2　客観性

記事の内容に信憑性を持たせるためには、客観性もマストな要件になります。

このときにもデータや専門家のコメントが役立ちます。引用するにあたっては、「〜である」と主観を述べたあとに、「というのも」と続けて、専門家のコメントを挿入して客観性を持たせます。

「この件について私はこう考える」と意見を述べて終えると、主観が強調されて迫力が増します。**客観性には主観を引き立てる効果があり、共感を得るための手段として使えます。**視点が偏りすぎないためにも、常に、客観性を意識して明確に伝えなければいけません。

文章は読者に理解してもらうことで、初めて目的を達成できます。そのため本当に伝えたいことが埋もれてしまってはいけません。多くの人が「あれも伝えたい」「これも知ってもらいたい」と情報を詰め込みがちですが、過分に盛りこんでしまっては、読者の頭はパンクしてしまいます。
信頼される文章を書くためにも根拠と客観性を意識するようにしましょう。

13
〝読まれる文章〟の基本スタイルを理解しよう

私たちは社会生活を送るうえで文章を書くことから逃れることができません。その中でもとりわけ重要で、うまく書くのが難しいのがビジネス文書。

ビジネス文書は日常的に送るメールなどとは異なり、書き方を間違えると自らの評価はおろか、取引先や、上司、同僚など周囲に多大な迷惑をかけてしまいます。

そのため、最初に基本スタイルを覚えてしまいましょう。

基本スタイルとは、文章の構成要素のことです。

たとえば、上司への提案書、顧客への提案書、稟議書、謝罪文、始末書など、すべての文章には必要とされる要素があるので、それを覚えてしまうことです。

たとえば、あなたがお客さまに対して、プレゼンをする機会があったとします。あなたは企画書を用意しなければいけません。このとき、企画書の構成要素に合わせて作成する必要があります。

企画書を作成するには流れが非常に重要です。単純にテンプレートに当てはめるのではなく、企画書の目的や伝えたいことを明確にしたうえで構成を考えていきます。

ここで1つ事例を挙げてみます。

例

【企画書の目的】
医薬品メーカーA社が新商品の風邪薬をドラッグストアK社で販売したい。

【企画書の主な内容】
①現状分析
風邪薬の市場規模、および消費者人数について調査します。さらに、A社の売

上高や店舗数の推移を調査し、現在の医薬品業界における同社の立ち位置を分析します。

②環境分析

K社を含むドラッグストア業界の動向を考察します。各営業拠点のマーケットを分析して売上予測を算出します。公的情報については厚生労働省のデータなどを活用します。

③他小売業との競争の変化を分析

同業他社だけでなくスーパー、コンビニエンスストア、ネット販売での医薬品販売の伸び率を調べ、K社の売上と比較検討します。

④消費者動向調べ

流通経済の情報から、医薬品購入の消費者の動向をチェックします。これらの情報をもとに、新発売の風邪薬をK社で販売することが双方にとって有益であることが伝われば企画が通る可能性が高くなります。

企画を通すには説得力が欠かせません。目の前に存在しないものを相手に想像させるには、長々と文章で書くよりも、チャートや図、データなどを多用してワクワク感を創出することが重要です。

さらに、相手の合意を得るためにも、適切なストーリーラインを作成したほうがいいでしょう。特に役員など偉い人たちは、企画書を隅々まで読むことがありませんから、エグゼクティブサマリーを用意します。

ターゲットを明確にする

このケースは企画書ですが、文章を書く際には「誰に向けたものなのか」「どういう行動をうながしたいのか」など、さまざまなことを思い浮かべると思います。

また、文章を書きはじめてからも、言葉や表現に迷うことがあるでしょう。

そんなときはいったん立ち止まり、ターゲットを今一度明確にイメージすることが大切です。

文章を読んでほしいと思っている相手、または商品を買ってもらいたいと思っている相手の顔、体形、生活スタイルなどを細かく具体的にイメージして書くことで、「この言い方は刺さるな」「これはピンとこないかも」などと、判断できるようになるはずです。

14 文章の抑揚と接続詞との密接な関係

文章には起承転結が大事ですが、ときには勢いづけたり変化をさせて、記事に抑揚をつけていくことが必要です。

テレビのバラエティ番組で、著名人の人生を紹介する番組があります。一見、成功していそうに見える著名人でも実は順風満帆ではないことが視聴者の共感を呼んでいるように思います。「上がって、下がって、再び上がる」、そのような抑揚が人びとを引きつけるのでしょう。

孤児院から世界的デザイナーになったココ・シャネル、「サル」と呼ばれながら天下人になった豊臣秀吉、もともとはお姫さまではなかったシンデレラや白雪姫なども同じです。トントン拍子で進んだのではなく、幾度もの挫折や裏切りなど、遊園地のジェットコースターのように人生の山や谷があるからこそ、人びとに愛されるのです。

文章のカギを握る接続詞

そして、覚えておきたいのが、文章に抑揚をつける方法です。

「接続詞」という品詞があります。これを使うことで、文章を2つに分けることができます。ここで、使い方(順接、逆説、並列、説明、対比、転換)について解説します。

例

【順接】
高校を卒業後すぐに上京して、それから毎日休まずに働いている。（だから）実家には10年以上戻っていない。

【逆接】
9回裏怒濤《どとう》の反撃で2アウト満塁とした。（しかし）あと一歩およばなかった。

【並立】
立憲民主党の山尾志桜里は政治家である。（また）弁護士でもある。

【説明】
鈴木君は女子社員から人気がある。（なぜなら）優しいからである。

【対比】

面接の結果については、電話、(または) メールでお知らせします。

【転換】
今シーズンは終了しました。(ところで) 来シーズンはルールが変更になります。

1つの文から次の文に移るときには、その関係を意識しますが、適切な接続詞を使うことで論理的な流れをつけやすくなります。

さらに、「論理が明確になる」「内容の理解度が増す」「メリハリがつけられる」などの効果もあります。

文章は接続詞の位置によって意味が大きく変化します。しかし、便利なので多用してしまうのが接続詞。正しい意味を把握していないと間違った使い方をしたり、かえって文章が読みづらくなることもあるので注意が必要です。

接続詞を効果的に使うことで、文章に抑揚をつけて見栄えをよくすることができます。この機会に覚えておきましょう。

15 臨場感を高めると読者の頭の中で何が起きる?

皆さんは、「擬声語(擬音語+擬態語)」という言葉をご存じでしょうか?

フランス語で「オノマトペ」というもので国語の教科書にも載っています。

「擬音語」は犬の鳴き声を「ワンワン」、雨音を「パラパラ」などの音を表現する言葉です。一方「擬態語」は音ではなく、「ピカピカの新車」「合格発表にドキドキ」などの様子を表現する言葉です。

細かい様子を伝えるときにオノマトペを使うと、グッとイメージしやすくなります。

たとえば、「早く提出してくれ」と言うよりも、「チャチャッと手伝って」と言うほうが親しさを感じます。また、「気合いを入れろ」よりも、「ビシッと頼むよ」のほうが優しい印象がします。「温かいご飯」よりも「ホカホカのご飯」、「今日は楽しみ」

よりも「今日はワクワク」のほうが伝わりやすくなります。

さらに、オノマトペを使うとカドが立ちづらくなります。

読者にとっても、さらりと読んでもパッと情景が浮かぶ、そんな臨場感ある文章は読んでいて楽しいものです。

そしてオノマトペには、読者の感情に訴えやすいというメリットもあります。擬音語・擬態語は臨場感や躍動感を演出するにはもってこいの言葉です。日本語にはたくさんのオノマトペがあります。

例

○擬音語……実際の音を描写した言葉
メーメー、ドクドク、ガチャン、ゴロゴロ、ガタンゴトン、ブーブー、パチパチ、チャリーン、ドカン
○擬態語……身ぶりや状態、様子、感情などを音で表した言葉
バラバラ、ギラギラ、ピカピカ、ワクワク、ドキドキ、メロメロ、モクモク、キラキラ、ジーン、ムラムラ

オノマトペを使ってみよう

それではオノマトペを実際に使って文章を作成してみましょう。皆さんも一緒に考えてください。

例

(例) 新しいスマホを買った。
↓ 新しいスマホを買った。ピカピカだ。

(例) 誕生日ケーキを買ってきてくれた。
↓ 誕生日ケーキを買ってきてくれた。うれしくてジーンときた。

(例) できたてのピザはチーズが溶けていておいしかった。
↓ できたてで、熱々のピザを食べた。チーズがとろりと溶けて歯ごたえも抜群だった。

同じ状況を文章にしているにもかかわらず、**擬音語・擬態語を入れた例文は、イメージが目に浮かび、感情の高まりや、リアリティを感じます。**皆さんもよく知っている、宮沢賢治も、擬音語・擬態語の使い手として有名です。

例
・のっしのっしと大股にやって参りました。
・あちこち星がちらちら現われました。

短い文章でも擬態語によって、読者に物語の場面を想像させる効果があります。感じたままを言葉に変えて、読者の共感を得られるのが理想の使い方です。関心のある方は、『宮沢賢治のオノマトペ集』（筑摩書房）という書籍も出ているのでご一読ください。

さて、こんな便利なオノマトペですが、多用しすぎると、文章が子どもっぽくなる傾向があるのでご注意ください。

とはいえ、状況を描写するには秀逸なテクニックなので、覚えておいて損はありません。独創性を発揮してさまざまなフレーズを書いてみましょう。表現の引き出しが増えるはずです。

16 推敲には徹底的にこだわる

文章は書いたら終わりではありません。「文章を書いたあと、字句を改善するために何回も読んで練り直すこと」を「推敲《すいこう》」といいます。

推敲は『唐詩紀事』収録の故事からきています。その成立は唐の時代（618～907年）までさかのぼるといわれています。今から1000年以上前から、書いた文章を読み返すことの重要性が認識されていたのです。

私が記事を作成する際の文字数は、1000～1500文字程度です。

皆さんなら、この文字数程度の記事をどのくらいの時間で書き上げますか？　私の場合は構想から作成まで30分程度です。あれこれ考えずに一気に書き上げます。修正はあとでいくらでもできるからです。

文章を書き終えたら、全体の流れや表現に違和感がないかをチェックします。推敲にかける時間は15分くらいなので30〜45分で1つの記事を完成させていることになります。

文章を書くとき、時間をかければよい文章が書けるというわけではありません。時間をかけすぎると、かえってリズムが失われてしまう場合もあります。ですから**勢いやリズムをつけるために、一気に書くことをおすすめします。**そして、私が書くことと同じくらい力を入れているのが推敲です。

自分の文章に厳しく接する

推敲は文章をよくするための作業ですから、甘いチェックではいけません。文章には責任がともないます。「ちょっとわかりにくいけど、まぁいいか」とか「どうにか通じるだろう」という姿勢では、必ずあとで読み返したときに後悔するような文章になってしまいます。

「わかりにくい箇所はないか」「間違いや勘違いがないか」などと、**常に自分の文章を批判するつもりで読み返してください。**

自分の書いた文章は分身ですから愛着もあり、かわいいものです。しかし、甘やかしていては元気な子どもには育ちません。そこで推敲のときには、自分の文章とは思わないことがコツです。

読者になったつもりで、突っ込みどころはないか、厳しい視点でチェックしましょう。

また、より客観的に推敲するには次の方法もおすすめです。

〈1日空けてから読み直す〉

夜中にラブレターを書いて、次の朝に読み直したら、とんでもなく恥ずかしい文章だったという経験はありませんか。書いた直後は、満足感に満たされて客観視できないもの。少し時間を置いてから読み直すと、気づかなかった点も見えてきます。

〈印刷して読み直す〉

パソコンの画面上で文章を読んでいるのと、実際に印刷して読むのとでは見え方は大きく変わります。紙に印刷すると、一歩引いた視点で、ミスにも気づきやすくなります。紙を持ち歩いて、外でチェックするのもおすすめです。

〈声を出して読み直す〉

音読しながら読み返すと視覚、聴覚の両方で文章を確認することができ、文章の読みやすさを確認できます。

〈他人にチェックしてもらう〉

専門分野をわかりやすく解説するような文章なら、予備知識のない人に目を通してもらうといいでしょう。専門的な言葉やわかりにくい書き方になっていないかなど、わかっている人には気づきにくい点を指摘してもらえるはずです。

以上のような方法でしっかり読み返すと、誤字、脱字、文法の間違いなどに加え、わかりにくい表現を発見できます。

また何より、文章を読み返すとリズムの調整ができます。すんなりと気持ちよく読めるかどうか、途中で詰まる場所はないかなど、何度も読み返して、文章の精度を上げていきましょう。

第4章

3行で
心をつかむ技術

17

伝えたいことをまとめた3行から“つかみ”を作る

文章には、「知ってもらう」「理解を深める」「説得する」「記録として残す」など、多くの役割があります。効果的に伝えるためには「フック」が大切です。

読者の気持ちをつかむには、導入部分にフックとなる「何だこれは！」と思わせるような印象的な話題を用意しないと、次に誘導できません。この導入部分のフックで必要なのが本書の主題でもある3行です。

つまり約3行でフックがかからないと読んではもらえません。フックで読者の心をつかみ、続きを読みたくなるように、気持ちを刺激することが重要なのです。私はさまざまなサイトで記事を執筆していますが、その際には、フックがかかることを最も意識しています。

ただし、「フックが大事」といっても、そればかりに意識が向くと過剰な書き方になったり、内容がともなわない文章になったりしてしまうので注意しなければなりません。

また、**フックをかける際には、全体のストーリーと最後にメッセージを用意しておくことも必要です。**というのも、最後にメッセージを用意することで主張がはっきりするからです。

たとえば、企画書、プレゼン、セミナー資料も同じことです。さまざまな商品やサービスがあふれているこの時代に、相手に「なるほど！」と思わせるポイントや相手にメリットを感じてもらうポイント、つまり、フックがないと、調子が冗長になり、話を聞いてもらうこともできません。

フックがあることで、相手は「そういうことだったのか！」と納得するのです。そのためには、フックがかかったあと、読者の期待をはっきり提示することが必要になります。

まずは相手がどう捉えるか。誰に向けて、何を、どのような目的で、どう伝えるか。きちんと整理してみましょう。

時代の空気に臨機応変に対応する

また、「フックは時代とともに変化するのか？」という疑問があります。

私なりに検証してみます。約10年前、ニュースサイトでコラムを書きはじめた頃の話です。書き方のトレンドを理解するために、著名な日本語学者のテキストを読みあさりました。すると、とあるサイトで以下のような説明がされていたのを覚えています。

日常的なコラムであればA氏がお勧めです。B氏の格調高い文章も捨てがたいですね。

B氏の格調高い文章はお手本として、多くのコラムニストにとってバイブルになるという趣旨だと理解しました。

ところが、最近になってB氏を批判する人が多いことに気がつきました。10年前には「お手本」だったのが、今ではそうではないのです。確かに文章や話し方は時代とともに変わりますから、当然といえば当然のことなのでしょう。

経済学者の野口悠紀雄が、「さらなる」は文法上間違っているので公文書では用いるべきではないと主張しています。また、法学者の星野英一は、「すべき」は文法上間違っているので公文書には不適切だと主張します。

いずれも正しい指摘です。公文書には正確な文法表現を用いるべきだと思います。しかし、現実には「さらなる」も「すべき」も、一般的に使用されています。

また、小説家、丸谷才一の『文章読本』（中央公論社）には、次のような記述があります。

> 名文であるか否かは何によって分れるのか。有名なのが名文か。さうではない。君が読んで感心すればそれが名文である。たとへどのやうに世評が高く、文学史で褒められてゐようと、教科書に載つてゐようと、君が詰らぬと思ったものは駄文にすぎない。

丸谷は、「決めるのは読者自身」と明言しています。さらに、文章を見極める視点を持つことを推奨しています。

では、時代の変遷に左右されない普遍的なお手本とは何でしょうか。中原淳一という、昭和に活躍した作家がいます。彼は、少女雑誌「ひまわり」の昭和22年（1947）4月号に次のような文を寄せています。

美しいものにはできるだけふれるようにしましょう。美しいものにふれることで、あなたも美しさを増しているのですから。

今の時代でも通じるようなクオリティの高いコピーだと思いませんか。時代の変遷に左右されない普遍的なお手本とは、著者の技術的探求の結晶ではないかと思います。そして、時代を経ても解釈が変わることはありません。

つまり、「フックは時代とともに変化するか？」という問いに対する回答は「イエスでもあり、ノーでもある」ということです。**最も大切なことは、時代の空気に臨機応変に対応すること**ではないかと思います。

18

タイトル、フックで一気に引き込む

前項で、文章を読ませる際に最も大切なのが冒頭の〝つかみ〟であると言いました。

これは文章だけでなく、スピーチやプレゼンにも同じことがいえます。ただし、文章の場合は、〝つかみ〟で読者の気持ちを引きつけないと、読むのをやめられてしまいます。

スピーチやプレゼンであれば、話の途中で聴衆の関心を引きつけるポイントを作れれば敗者復活ができますが、文章の場合はそれができません。つまり、**文章は初めの数行がとても大きな意味を持つ**わけです。

これまでに私が寄稿した記事のうち、反響の大きかったものの見出しをいくつか挙げてみます。

導入部分で、「あれ？」「何だろう、これは？」と思えるような事実や数字を入れることでインパクトを与えて、読者を次の一文へと誘導します。

例

- 歯科医に聞いた！　食べると確実に死に近づく食べ物
- シュークリームはダイエット食である
- 「的を得ない」、「的を射ない」正しいのはどちらなのか
- 「1分の遅刻」はいくらの損失なのか!?
- 無地とチェック。デキる人のワイシャツはどっちか？

いかがでしょうか？　どの記事も非常に多くの方に読んでいただきました。

「歯科医」と「死に近づく食べ物」、「シュークリーム」と「ダイエット」など、意外なキーワードの組み合わせが評判になりました。普段の行動に関するドキッとする提案など、見出しだけで記事へと誘導するようにフックをかけていくのがポイントです。

読者が読み終えたあとのことまで考える

フックをかける場合は、全体の流れを意識したうえで最後のオチまで考えておく必要があります。フックをかけることは、特別な場面だけではありません。さまざまな商品やサービスがあふれている時代、どんなときでも相手に「おっ！」と思わせる何かが必要です。

まずフックで読者の心をがっちりとつかむ。そして相手が読み終えたあと、「そういうことだったのか」と納得してもらう。それが相手の心を刺激し、行動へと移らせることのできる文章を書く秘訣です。

テーマや媒体にもよりますが、読者はたいてい、斜め読みで多くの記事に目を通します。忙しくてあまり時間がないときは、記事を見るのは通勤途中や昼休みなど、すき間時間に限定されています。あなたが、人気作家ならいざしらず、あなたの記事をじっくり読んで吸収しようと思う読者はまずいません。

そんな読者に対して、「せっかく時間をかけて書いたのだから、じっくり読んでもらえるだろう」と

ださい」などと命令することはできません。読むかどうかを決めるのは常に読者であると考えてください。

19 タイトルやコピーの重要性を理解する

タイトルやコピーの重要性はビジネスをしている人なら理解しています。しかし、カッコいいタイトルやコピーをつけようとしたばかりに、かえってうさん臭くなってしまい、逆効果になってしまうということがよくあります。

タイトルやコピーの役割とは、人の注目を集め、伝えたい内容を的確に伝えることです。

ビジネスの場面であれば、タイトルやコピーを考える力は大なり小なり必要とされるスキルです。

たとえば、「飲食店のメニュー」「ＰＯＰに書くちょっとしたひと言」「企画書のタイトル」など、私たちの生活はタイトルやコピーに囲まれています。

では、タイトルやコピーの作り方を紹介しましょう。

対句でリズムを作り出す

まずは「対句」を使えるようになりましょう。

対句とは、並べられた2つのフレーズが、形や意味上で対応するように作られた表現形式のことです。もともと漢詩で用いられる修辞法で、詩歌・漢詩文などに用いられます。

対句を使うことで文章のリズムがよくなることに加えて、フレーズがお互いに際立ち、引き立てることで印象深くなります。同じ構造で作られた、相対した2つの句があるのですぐにわかると思います。対句をうまく活用した本のタイトルとして、次のようなものがあります。

『非常識な成功法則　――お金と自由をもたらす8つの習慣』（フォレスト出版）
『嫌われる勇気　――自己啓発の源流「アドラー」の教え』（ダイヤモンド社）

2冊とも大ヒットした作品です。私は2冊とも発売と同時に購入しましたが、タイトルに強いインパクトがあり書店では異彩を放っていました。

また、各章の小見出しなどディテールまで工夫が凝らされていました。

対句が成立するには、次の3つの要素を備えていなければいけません。

1　文章の長さが等しく同等であること
2　使用されている言葉の品詞が同じであること
3　意味が対になっているものが2つ以上あること

国破れて山河在り

（都の長安は破壊されたが、山や河はもとのままである）

城春にして草木深し
（城壁の中にも春は訪れ、草木が生い茂っている）

時に感じては花にも涙を濺《そそ》ぎ
（時勢に胸は騒ぎ、花を見ても涙が流れる）

別れを恨んでは鳥にも心を驚かす
（家族との別れは恨めしく、鳥の声にも心が揺れ動く）

烽火《ほうか》三月《さんげつ》に連なり
（戦いは3カ月も続いた）

家書万金《かしょばんきん》に抵《あた》る

（家族からの手紙は黄金に等しい）

白頭《はくとう》搔《か》けば更に短く

（白髪頭をかくと、髪が抜けて少なくなる）

渾《す》べて簪《しん》に勝《た》へざらんと欲す

（かんざしもさせなくなる）

ここに引いたのは中学校や高校で習う漢詩「春望《しゅんぼう》」（杜甫《とほ》）ですが、すべてが対句で成立しているのがわかりますか。

このほか、ことわざや標語にも対句が多いので、参考までに挙げてみましょう。

・月は東に、日は西に

・帯に短し、たすきに長し

・聞いて極楽、見て地獄

・注意一秒、怪我一生

それぞれの言葉が絶妙に「対」になっていることがおわかりいただけると思います。

また、ドラマや映画などの台詞にも、対句が使われていることがあります。


「事件は会議室で起きてるんじゃない。現場で起きてるんだ」

（映画『踊る大捜査線』の青島刑事の台詞）


対句にすることでリズムが整えられています。文章は、リズムを整えることで読みやすくなります。

私は普段から記事のタイトルには気をつけていますが、話題になる記事はタイトルにリズムがあるものが多いことを実感しています。

20

人は印象ですべてを判断する

見た目の読みやすさというものがあります。つまり、第一印象のことです。

文章を書くにあたっては、特に「書き出し」に気をつけなくてはいけません。音楽でいえば「最初の10秒」、お笑いの「最初の10秒」なども同じです。この10秒は、相手の期待感を育てる重要な役割を担っています。

書き出しを調べるなら、最初は文学作品を参考にしてみましょう。

飛行機の音ではなかった。耳の後ろ側を飛んでいた虫の羽音だった。蝿よりも小さな虫は、目の前をしばらく旋回して暗い部屋の隅へと見えなくなった。

（村上龍『限りなく透明に近いブルー』）

村上龍のデビュー作『限りなく透明に近いブルー』の書き出しは、「音」の効果を巧みにつかっています。飛行機の音は蝿に姿を変えてやがて見えなくなっていきます。これは、スタンフォード大学の文学評論家、文学史家のイアン・ワット（Ian Watt）が明らかにした「解読の遅れ」というものです。最初に姿を提示しないことでリアルな風景をイメージさせる技法として知られています。

朝、目を覚ますということは、いつもあることで、別に変ったことではありません。しかし、何か変なのでしょう？　何かしら変なのです。

（安部公房『壁』）

安部公房は、三島由紀夫らとともに第二次戦後派の作家と評価され、晩年はノーベル文学賞の候補にもなった作家です。『壁』は中編・短編集で、3部（6編）からなるオムニバス形式の作品集です。この作品では、「目を覚ましました」という書き出しで始まります。さらに、「何か変なのでしょう？　何かしら変なのです」と、何かが起こりそうなことを示唆しています。

文学作品の書き出しにはさまざまなテクニックが隠されています。書き出しを読むだけでもヒントが見つかるはずです。

漢字とひらがなのバランスで印象はガラリと変わる

読者への印象ということで次に考えたいのは、漢字とひらがなのバランスです。

編集用語で漢字をひらがなで書くことを「ひらく」といいます。ひらがなを漢字で書くことを「とじる」といいます。

漢字が多いと紙面全体が黒っぽくなります。すると、読者はげんなりとした気持ちになって、読むのをやめてしまうかもしれません。漢字かひらがなか？　バランスはセンスの見せどころです。

その言葉を漢字にすべきか？　それとも、ひらがなにするか？

文章を書いていて迷うことは多いと思います。最近はあまり漢字を多用せず、ひらがな表記が多くなりましたが、大事なのはバランスです。文章をざっと見たときに、**漢字が多すぎると堅さを感じて、読む気力が削がれてしまいます。また、漢字が多いと、視覚的に威圧感を与えることもあります。**

一方、**ひらがなは読みやすいのは確かですが、逆に多すぎると稚拙な印象を与えてしまいます。**

なぜ漢字とひらがなのバランスを意識したほうがよいのでしょうか。最近では、スマホで文章を作成する機械が増えました。入力をスムースにするために、ユーザー辞書で予測変換機能を強化している人も多いと思います。予測変換機能は漢字変換候補の表示を目的にしています。そのため、スマホで作成した文章は、漢字の比率が高くなる傾向にあります。

では、読みやすい適切なバランスはどのくらいでしょうか。

私の場合は、漢字（30パーセント）、ひらがな（70パーセント）を目安に構成しています。漢字が30パーセント未満では冗長な印象になり、40パーセントを超すと堅い印象になります。書き終わったら「文字チェッカー」を使用して、漢字の使用率を計算するといいでしょう。

21 書き出しはポジティブが基本

もう1つ、書き出しのテクニックを紹介します。それは**「書き出しをポジティブにすること」**です。

たとえば、講演者が壇上に上がり、会場を見渡して「今日は暑いですが会場は皆さまの熱気でさらにアツくなっています」とか「私はクールとよく言われるのですが、今日、会場に入るときに、皆さまに笑顔であいさつされました。それが伝染したようなので、今日は笑顔で進めさせてください！（ニコッ）」と言ったとします。聴衆の心は一気に引き込まれるのではないでしょうか。

このように、講演の達人は会場に入るなり、聴衆を一瞬で味方につけるテクニックを持っています。

これは文章でも同じです。**書き出しで明るくポジティブな文章が並ぶだけで、読者は「読んでみたい」と思ってくれます。**定番のフレーズを自己流にアレンジすればそのまま使用できます。

たとえば、日常の文章も「大変お世話になっております」よりも、「ありがとうございます」「おはようございます」で始まると気持ちがいいものです。

例

先日は、夕食会にご招待いただきありがとうございました。
松坂牛を使ったチャーハンを生まれて初めて食べました。
シャトーブリアンの牛カツにも驚きました。口の中でとろけるジューシーなおいしさに感動でした。
本当にありがとうございました！

この文章の頭に「松坂牛とシャトーブリアンの御礼」というタイトルをつければ、相手が受ける印象は非常によいものになるでしょう。

もし、これに納得できないという方は、次の風景を思い出してください。

クライアントを初訪問するとき、笑顔で握手を求めてくる人、腕組みをしながら厳しい顔であいさつをする人、あなたはどちらに好印象を持ちますか。もちろん、前者ですよね。

笑顔は、明るく、好意的に映ります。一方、厳しい顔は、「機嫌が悪い」「怖そう」という印象を与えます。第一印象でそのあとのイメージが形成されますから、笑顔のほうが得策というものです。

「ポジティブな人」がトクをする

話は少々脱線します。

私の知人の経営者は、スマホの着信音を切っていません。今や、着信音はマナーモードに切り替えておくのが常識ですが、その人は気にも留めず、通常は「ロッキーのテーマ」がかかります。

ときどき気分転換にアントニオ猪木のテーマ曲「ボンバイエ」に変更することもあ

ります。そして、年配の方と会うときには、「走れコウタロー」が鳴り響きます。会議中や打ち合わせをしているときに、これらの曲がかかると異様に目立ちます。そして例外なく、「なんで、こんな着信メロディーにしているのか?」と聞かれます。彼は「元気が出る曲なので」とか「ポジティブな気持ちになれるので」などと答えます。

本来なら、お客さまの前で着信音が鳴り響くことは失礼にあたりますが、彼は失礼に思われるリスクよりも、先方の印象に強く残ることを意識しています。そして実際に「ポジティブで面白いヤツだな」と興味を持ってもらうことに成功しています。

同じことを真似している別の経営者がいます。人柄はどちらかといえばネガティブなタイプです。ところが、スマホの着信メロディーだけ最初に紹介した経営者と同じように派手なものにしているので、他人からは「ポジティブな人」だと思われています。

経営者やビジネスマンでポジティブな人を嫌う人はいません。初対面は、思った以上に強いインパクトを残しているのです。

文章も同様です。書き出し、つかみはポジティブに、これはあらゆる種類の文章に使える万能テクニックです。

22 文章がうまくなりたいなら丁寧にコピペせよ

「文章がうまい人」とはどのような人でしょうか。

仕事のスピードが速い人のことを「デキル人」と呼ぶことがあります。仕事のクオリティは人によって評価が異なりますが、スピードは可視化しやすいからです。

たとえば、普通の人であれば10日かかるような執筆を1日で終わらせたり、本を5日で書き上げたら誰もが速いと感じるでしょう。実際、プロの文章家は5日程度で200ページの単行本1冊を書き上げてしまいます。私の経験上、必要以上に「クオリティ」を口にする人は、できない人が多いように感じます。

スピードは「やり方より結果にこだわる」ことだと思います。

スピードが遅い人の特徴として「自分のやり方にこだわりすぎる」ということがあります。自分で創意工夫して、努力して身につけたスキルだから「こだわり」があるのかもしれません。しかし、こだわることで、文章が書けないのだとしたら、考え直さなければいけません。人間、柔軟性を持つことは大切です。


文章を書くことで、充足感や、達成感を得ることもあると思います。ですが、日常の仕事の場面においては、最速で成果を出すのための手段を選ぶことが大切です。

自分では最速・最適なつもりでも、実際にはスピードが上がっていない場合があります。そのときには、**自分よりもデキる人の仕事ぶりをコピペする**ことが大切です。

この場合のコピペとは「文章のコピペ」をさすのではなく、できる仕事ぶりを「コピペする」と解釈してください。

真似とパターン化で書く速度が劇的に上がった！

私もかつて自分のやり方にこだわりすぎてスピードが上がらないことがありました。万策尽きたころ、文章を書くのが速いことで有名だった知人の仕事を徹底的に真似することにしました。

このときに学んだことが次の3つでした。

・ゼロから文章を作成するのではなく頻度の高いものを事前に用意する
・単語登録や文例登録を事前にしておいて、一発変換で入力できるようにする
・パソコンのショートカットキーのパターンを覚える

この中で、最も重要なのは、「ゼロから文章を作成するのではなく頻度の高いものを事前に用意する」ことです。当時、私は「ゼロベース発想」にこだわっていました。無から有を生み出すことが素晴らしいと考えていたのです。しかし、知人のやり方を知って、とても効率が悪い方法だと思い直しました。

また、当時私はコンサルティング会社に勤務していました。

企画書は業界ごと、相手の役職者別にひな形があり、社名と見積りの部分だけ修正すれば完成できるほど情報が共有されていました。非常に効率的だったので、自分が文章を書くときにこれを真似してみました。

イントロやアウトロの流れ、全体の構成をパターン化していきました。その結果、企画書、あいさつ文、お礼やお見舞いの手紙、スピーチの原稿など、かなりの数の文章をパターン化することに成功したのです。

たとえば、取引先との会食後にはお礼メールを送らなければいけません。このときパターンがわからなければ、文章の作成に時間がかかってしまいます。悩んでいるうちに時間が経過して、送るのがあまりに遅くなってしまったら一大事です。しかし、マニュアル化しておけば、文章をゼロベースで考える必要がないので、すぐにメールを送ることができます。

そのうちに私は「仕事が速い」という評判がたち、大きなプロジェクトにも抜擢されるようになりました。コピペや真似をしたからこそ手にすることができた評価です。
また、「単語登録や文例登録を事前にしておいて、一発変換で入力できるようにする」「パソコンのショートカットキーのパターンを覚える」の２つも文章作成の効率化を考えるうえで非常に役立ったことはいうまでもありません。

今の自分のやり方がしっくりこないとしたら、いったんそれを捨てる勇気も必要です。そして、自分よりもデキる人を観察して真似をするうちに、その人と同じ行動がとれるようになります。デキる人の仕事術を完全にコピペすることで必ず気づきがあります。

なお、コピペするときには優先順位をつけるようにしましょう。実現可能性が高く、効果が大きいものから始めると効率的です。

23

〝自分の型〟を用意する

文章を書く際には、あらかじめ〝自分の型〟を用意しておいたほうがよいでしょう。

皆さんは、人前で話すときに、「手のひらに人と3回書いて飲み込むとアガらない」というおまじないを聞いたことはありませんか。これは、「アンカリング」という自己暗示法です。

「アンカー」とは、船が港に停泊するときに海に投げ込む碇《いかり》のことです。

アンカリングとは、「船の碇を下ろすように、心の中にイメージを定めること」です。

イチロー選手がバッターボックスに入ったときに、ルーティンの動作をします。これは、自分の調子がよかったときの状態をよみがえらせるための動きです。スポーツ選手はアンカリングをうまく使っています。また、ビジネスパーソンでも使っている人を時折見かけます。

このアンカリングは、大勢の前で話す際にも効果的です。企業研修を請け負う会社では「魔法の呪文」といわれています。

研修講師たちはそれぞれオリジナルの「魔法の呪文」を持っています。あくまでも自分にスイッチを入れることが目的なので、「深呼吸をする」「上着を脱ぐ」「ネクタイをゆるめる」など、人によってまちまちです。今や、アンカリングはかなりポピュラーなスキルです。

これと同じように、文章を書くときにも、アンカリングを用意しておくといいでしょう。一連の動作をカラダがすでに覚えていて、これをやったらスイッチが入るというものが理想です。「書き出しはこれ」「説明文はこれ」「エピソードはこれ」「まとめはこれ」というように、いくつかのパターンを用意しておきます。

自分のパターンを知って、型を使って書くようになると、書く前に全体の骨組みがイメージできます。それでは、型をいくつか紹介しましょう。

〈結論ファースト〉

結論ファーストを使うことで、読者が少しずつ納得度を高めることができます。読者にとっては、結論を把握できるので「理解しやすい」「安心して読み進められる」などのメリットがあります。

私が投稿している時期ネタもこの流れが一般的です。最初の100文字のイントロダクションで結論を書きます。ここで1つ例を挙げましょう。

例

私は毎朝6時に起床しています。昨今のビジネスシーンでは「早起き」であることが美徳とされています。実際、早起きのメリットは多いと思います。早起きして体を動かすことはとても健康的で、朝からジョギングや体操を楽しむ人もいます。早朝サーフィンを楽しんでいる友人がいます。毎朝5時に起きて海に向かい、6時から2時間ほど波乗りを楽しんでから仕事に向かいます。渋滞しないのが最高だといいます。やはり、早起きにはメリットがあります。早起きは三文の徳です。

この文章は、「①結論」「②理由」「③エピソード」「④まとめ」の4つのパートで構成されています。

①結論

私は毎朝6時に起床しています。

②理由

昨今のビジネスシーンでは「早起き」であることが美徳とされています。実際、早起きのメリットは多いと思います。早起きして体を動かすことはとても健康的で、朝からジョギングや体操を楽しむ人もいます。

③エピソード

早朝サーフィンを楽しんでいる友人がいます。毎朝5時に起きて海に向かい、6時から2時間ほど波乗りを楽しんでから仕事に向かいます。渋滞しないのが最高だといいます。

④まとめ

やはり、早起きにはメリットがあります。早起きは三文の徳です。

「①結論」が、一番伝えたいこと。この文章のキーメッセージになります。「②理由」で、結論を裏づける言葉を続けます。結論について「なぜそうなのか？」「なぜそう思うのか？」を整理していきます。

「③エピソード」で、リアリティを増すための具体的な話を入れます。

「④まとめ」で全体をまとめます。最初に結論を持ってくる「結論ファースト」は、読者にもわかりやすく、文章の基本型といえるでしょう。

〈小説・物語風〉

次に紹介するのは、小説・物語風です。

これは、誰もが知っているエピソードに記事の内容を合わせたり、分析を加えることです。読者の興味を引きつけるのに効果的です。

コラムやエッセイだけでなく、小説、ドラマ、映画、童話、落語、ドキュメンタリーなどにも応用できます。例を挙げてみます。

例

ディズニーのシンデレラをご存じですか。実はシンデレラは戦略家です。着用していたドレス、カボチャ型の馬車は、魔法が解けた瞬間になくなるのに、片方のガラスの靴はなぜそのままだったのでしょう。しかも、舞踏会1回のダンスで、王子をぞっこんにさせるわけですから、かなりのテクニシャン。どんなステップを踏んだのでしょうか。実は政治やビジネスの場面では同じようなことがあります。すべては想定外のシナリオが仕組まれていたということはめずらしくありません。

この文章は、「①主題」「②エピソードの解釈」「③転用」の3つのパートで構成されています。

①主題

ディズニーのシンデレラをご存じですか。

②エピソードの解釈

実はシンデレラは戦略家です。着用していたドレス、カボチャ型の馬車は、魔法が解けた瞬間になくなるのに、片方のガラスの靴はなぜそのままだったのでしょう。しかも、舞踏会1回のダンスで、王子をぞっこんにさせるわけですから、かなりのテクニシャン。どんなステップを踏んだのでしょうか。

③転用

実は政治やビジネスの場面では同じようなことがあります。すべては想定外のシナリオどおりに仕組まれていたということはめずらしくありません

「①主題」が、テーマです。読者にシンデレラを知っているか確認するところからスタートします。

「②エピソードの解釈」で、注意を引きつけます。誰もが知っていて、誰もがおかしいと思っているエピソードを独自解釈します。

「③転用」は、②で提示した解釈が実は身近で発生していることを示唆します。

この文章は、「政治やビジネスの場面では、想定外のシナリオが仕組まれていたということはめずらしくありません」で書き出すこともできますが、それでは冗長すぎて読者の関心を引けません。

また、この文脈であれば、政治や仕事の場面の想定外の出来事が話のオチになりそうですが、展開次第ではさらに応用できます。

次の文章をお読みください。

例

政治やビジネスにたずさわる誰しもが、自分の夢を実現するために、シンデレラストーリーを手に入れたいと思います。シンデレラは、はじめから資格や資質、環境が整っていたのでしょうか。望むものを手にするためには戦略的に行動しなければいけないことを、この物語は示唆しているように思います。

このように締めくくったら、「資格や資質、環境に依存せずに、努力で未来が切り開ける」という話の締めに使うことができます。あるいは、「ビジネスで上を目指したいのであれば、見た目の印象がビジネスに大きな影響を及ぼす」という話の締めに使うこともできます。

私は、テーマごとに、このような鉄板の型を何種類か持っています。皆さんも、自分のスイッチが入りやすい型を作ってみてください。

第5章

言葉に磨きをかける一歩進んだテクニック

24 実は難しい謝罪の文章

自分が所属する組織がミスや不祥事を起こして不特定多数の人に謝らなければならないという事態に陥ったとき、書面やメール、Ｗｅｂサイトで謝罪する必要が出てくる場合があります。

このような大勢の人を対象に謝罪することを軽く考えてはいけません。どのような影響があるかを客観的に考えながら、慎重に謝罪文を構成する必要があるからです。文章の中でも技術が必要とされるものの１つです。

ここで、１つのケースを提示します。一緒に考えてください。

〈ケース〉

「インター21」（仮名）はコンサートなどのイベントを手がける会社です。男性に人気のある有名タレントが複数参加するイベントを企画していました。

このイベントは、芸能事務所、ＷＡＶＥ企画（仮名）に所属するタレント「市ヶ谷47」（仮名）の参加が大きな話題となっています。

ところが、イベント前日になってＷＡＶＥ企画から、「市ヶ谷47」が参加できない旨の連絡がありました。

市ヶ谷47の参加を楽しみにしていたファンは多く、「彼らが出ないのであれば参加しなかった。交通費やホテルの宿泊費を支払ってほしい」「詐欺ではないのか」といった声も寄せられています。

このときインター21は、どのように対処すればいいでしょうか。

まず、ここで押さえなければいけないポイントは２つあります。

- **なぜこのような事態になったのか、経緯をきちんと説明すること**
- **返金せずに納得してもらう方策を考えること**

1つ目は、「なぜそうなったのか」という「理由」と「これからどうなるのか」という「対処」を説明し、さらに誠意を見せることで、ファンの不安や疑念を払拭するしかありません。

2つ目は、会社の立場を守るために覚えておかなければいけないことです。安易な返金は、会社に多大な出費をもたらすことになります。お金以外のサービスを提案し、出費を少なくしつつ、納得してもらう必要があります。

釈明は端的に、説明は詳細に

謝罪文の例を見てみましょう。

例

拝啓　このたび、弊社が主催する「イベント」にご参加いただき、ありがとうございました。
今回、WAVE企画所属の「市ヶ谷47」が参加できないことで、楽しみにしていたファンの皆さまにご迷惑をかけたことをお詫びいたします。参加中止にいたった経緯は次の通りです。

1 イベントの6カ月前にWAVE企画と契約を締結し、メディアにリリースしました。
2 3日前に、弊社にWAVE企画より「市ヶ谷47」が参加できない旨の連絡がありました。
3 すぐに、弊社社長の岩崎がWAVE企画を訪問しました。
4 「市ヶ谷47」のメンバー数名が体調不良で入院していることを確認しました。
5 WAVE企画からは「夢嵐」「外堀47」「セイント5」を代替案とする提案がありました。
6 WAVE企画との交渉により「市ヶ谷47」→「夢嵐」への変更を確認しました。
7 調整に時間がかかり、皆さまへの連絡が開催当日になりました。

今後の、弊社の対応については次のように考えております。
・弊社イベントの優先サービス（チケット購入者全員）
・提携ホテル利用の時のレイトチェックアウト（チケット購入者全員）
・食事券のサービス（チケット購入者全員）

何卒、ご理解のほどお願いいたします。　敬白

釈明は端的に、説明は詳細に記載します。対応も、会社にとって負担ができるだけ少ないものを選択します。

このケースを見れば、自社イベントの優先サービス、提携ホテル利用の際のレイトチェックアウト、食事券のサービスは、ホテルとの交渉で進めることができます。おそらく、会社にとっての負担も軽減できるはずです。

さらに、一部のファンだけではなく、全員を対象にしているので不公平感がありません。個別で返金などの必要に迫られる場合もあると思いますが、このような提案をしたほうが、ファン離れを防ぐ効果があります。素早い対応であることが望ましいこ

とは言うまでもありません。

25 うまい謝罪は企業価値を高める

ビジネススクールの危機管理のケーススタディになっている有名な事件がありま す。

製薬、医療機器、ヘルスケア関連製品を取り扱う「ジョンソン・エンド・ジョンソン」という会社があります。同社は1982年9月30日に事故に巻き込まれます。鎮痛剤のタイレノールを服用した7人が「突然死」をする事故が発生したのです。

事故直後、同社CEOのジェームズ・パークは対応チームを編成し、マスコミを通して「タイレノールを一切服用しないでください」という警告を発信し、自主回収を行ないます。

ホットラインが開設され、あらゆる情報が提供されます。回収費用は日本円で100億円以上にのぼるといわれました。

6カ月後、異物混入ができないようにカプセルや包装方法を変更して売り出します。その結果、タイレノールは事故前の売上90パーセント近くまで回復します。

このケースは、危機管理の好例として今でも使われています。

謝罪を宣伝に転換する方法

ここでケースを1つ提示します。皆さんも一緒に考えてください。

〈ケース〉

WAVEビジネス新報社(仮名)は、大手のビジネス書出版社です。

最近のヒット作は、有名国立大教授の花形左近(仮名)による、文章術シリーズです。昨年、出版した『財務省の文章術』が30万部を超すベストセラーとなり、続編の『文科省の文章術』『経産省の文章術』も大ヒット。そして2カ月後には、第4弾の『外務省の文章術』の刊行も予定されていました。

ところが、連作の無理がたたり、花形が過労でダウン。1カ月の安静を診断されました。WAVEビジネス新報社と花形は、人気シリーズだけに読者を裏切らない謝罪文を各種メディアに掲載したいと考えています。

人気シリーズの発売延期はよくあることですが、単なるお詫びの一文では、読者の気持ちを満足させることはできないでしょう。

どのように対応すればいいでしょうか。

ここでのポイントは、謝罪を宣伝に転換することです。読者の期待を集められれば、さらに話題となり宣伝効果が高まります。

では、お詫び文の例を見てみましょう。

例

『外務省の文章術』発売延期のお詫び

読者の皆さま、日頃は大変お世話になっております。

花形左近でございます。

「外務省の文章術」が発売延期となり申し訳ございません。

半年前から体調が悪く、ごまかしながら執筆を続けていたのですが1週間前にダウンしてしまいました。検査の結果は病名は胃潰瘍、無理がたたったようです。

近いうちに復帰しますのでお待ち下さい。


現在、花形左近は入院中です。

必ず復帰しますので少しの間、お待ちいただければと思います。

WAVEビジネス新報社　編集長　星　一郎

編集部としても読者への感謝と、シリーズの意義を伝える大変いい機会となります。自社のWebサイトで、病室で撮った著者の写真などを掲載してもいいでしょう。きっとプラスに転じることができるはずです。

26

慣用句はきちんと理解して使わないと恥をかく

慣用句とは2つ以上の単語が連結して、異なる意味で定型句として使われるものです。使いこなせれば文章の質もアップし、表現力も豊かになります。

慣用句は、長い間使われてきた便利な言葉ですが、意味を間違えて使われている場合が多いので、注意が必要です。

ここでは、私が文章術やライティングの講座などを通じて知った、一般的に間違えやすい慣用句を紹介します。うっかり間違ったまま使うと、恥をかくことになります。自信がない方は辞書を見ながら意味を理解して使うようにしましょう。理解すればあなたの語彙力は間違いなくアップします。

例

1 「敷居が高い」の間違った使い方

A氏：昨日、社長と赤坂の料亭に行ってきたよ。

B氏：赤坂ですか。僕には「敷居が高い」です。

「敷居が高い」を「レベルが高くて自分には分不相応」という場合に用いるのは間違いです。後ろめたいことがあって「もう一度行くには抵抗がある」ことを表します。

例

2 「檄《げき》を飛ばす」の間違った使い方

A氏：最近の営業は気合いが入ってない！

B氏：「檄を飛ばし」ますか。

「檄を飛ばす」は「激励する」という意味ではありません。「広く世間に知らしめること」です。この文脈なら「活を入れる」が適切です。なお、某番組での張本さんの「喝！」は誤用になります。

例

3 「憮然《ぶぜん》」の間違った使い方

A氏：ウチの逆転勝訴だ！

B氏：被告は怒りで「憮然」としていました。

「憮然」は「腹を立てている」という意味で使われがちです。本来は失望、落胆している状態を表します。この場合は、「憤慨」や「激怒」を使いましょう。

例

4 「さわり」の間違った使い方

A氏：明日のプレゼンの役割を決めよう。

B氏：最初の「さわり」の部分は僕がやります！

「○○のさわり」は、「最初の部分」という意味だと思われがちです。しかし、本来は「話が盛り上がるポイント」のことをいいます。つまり、要点や最も印象に残るところをさします。

例

5　「破天荒《はてんこう》」の間違った使い方

A氏：取引先の松田専務が転勤されるそうだ。

B氏：「破天荒」な方でしたね。

「破天荒」は「豪快で大胆な様子」「慣習などに縛られない」といった意味で使われがちです。本来は「今までできなかったことを成し遂げること」や「前人未到の境地を切り開くこと」を意味します。つまり、ホメ言葉です。

例

6　「煮詰まる」の間違った使い方

A氏：なかなかアイデアが浮かばない。

B氏：さすがに「煮詰まって」きますね。

「煮詰まる」は、成果やいいアイデアが出ない手詰まりな状況で使われがちです。本来は、議論や考えが出尽くして結論が出る状態のことです。なので、結論が出る寸前に使うのが正解です。

例
7 「吝か《やぶさ》」の間違った使い方
A氏：社長から出張依頼。今回は土日を返上だ！
B氏：社長命令なら「吝かでない」のでは？

「吝かでない」は「やむを得ない」の意味に使われがちです。正解は「喜んでする」こと。この文脈では、「土日返上でうれしい」という意味になってしまいます。

例
8 「お目にかなう」の間違った使い方
A氏：君の企画はとても良かった。
B氏：「お目」にかなって光栄です。

「お目にかなう」は誤用です。この場合、「目上の人に評価される」という意味なので、「お眼鏡《めがね》にかなう」でなければいけません。もともとは、「お眼鏡＝拡大鏡」で是非を判断したことから派生した言葉です。

例

9 「綺羅星《きらぼし》」の間違った使い方

A氏：あそこにいるのは当社の経営陣です。

B氏：「綺羅星のごとく」ですね。

「綺羅星のごとく」は「綺羅、星のごとく」と読むのが正解です。「地位や権勢」を意味しますが、同時に「うわべだけの人」にも使います。綺羅とは薄い絹糸の服のことです。

例

10 「合いの手を打つ」の間違った使い方

A氏：前奏が始まったら「合いの手を打つ」ように。

B氏：合いの手を打つのは難しいです。

このように「合いの手を打つ」を使う人がいますが、この場合の正解は「合いの手を入れる」です。手拍子や声かけのことです。合いの手は手拍子ではなく、楽曲そのものをさします。

例

11 「上には上がいる」の間違った使い方

A氏：残念だが予選敗退だ。

B氏：「上には上がいる」ってことですね。

「自惚《うぬぼ》れを戒める」という意味で「上には上がいる」を使いがちです。正解は「上には上がある」となります。「上には上が」の対象が人ではないので「ある」になります。ちなみに、「上を見れば方図《ほうず》がない」も同じ意味です。

例

12 「気が置けない」の間違った使い方

A氏：脱税の件で税務署が嗅ぎまわっているという噂だ。

B氏：それは「気が置けない」状況です。

「気が置けない」を、「警戒すべき」という意味や、「気配りや遠慮を必要とする関係」として使っている人がいますが誤りです。本来は、「仲がよくて遠慮しなくてもいい関係」に使います。また、必ず、人に対して使う表現です。

状況を俯瞰しながら言葉を使い分ける

最近、語彙力をテーマにした書籍を見かけることが増えました。社会全体に「大人にふさわしい語彙力を身につけたい」というニーズがあるように思います。

たとえば、お客さまに迷惑をかけてしまい、先方が憤慨しているならば、普段よりは丁寧な言葉を使って謝罪する必要があるでしょう。このときに大切なのが語彙力です。状況を俯瞰しながら言葉を使い分けるスキルが必要になります。

今ではスマホで文章を書くことが多くなったせいか、意味不明の文章や非礼な文章が以前よりも増えたように思います。言葉は、コミュニケーションの手段としてなくてはならないものです。あなたの評価を高めるためにも、正しい使い方を覚えておきましょう。

27 数字のトリックを効果的に使う

数字にはトリックがあります。数字は客観的データなので錯誤を誘いやすいのです。これは、広告宣伝を見ているとよくわかります。数字のわずかな見せ方で、購買欲をかき立てる使い方があります。

たとえば、「10万人が使用している」と言われたらどう思いますか？　多くの人は、「10万人はすごいな！」と思うはずです。しかし、10万人は日本国人口の0・1パーセント未満にすぎません。これが「数字のトリック」です。

次の数値はほぼ同じですが、印象は異なると思います。

・愛用者、100万人突破
・愛用者、和歌山県の人口突破
・愛用者、仙台市の人口突破
・愛用者、カトマンズの人口突破

・敷地面積は東京ドーム1個分
・敷地面積は観光バス1570両分
・敷地面積は3万2472畳
・敷地面積は1円玉1億4880万枚分

・2・5グラムの食物繊維
・レタス10個分の食物繊維
・スイカ8個分の食物繊維
・絹ごし豆腐8丁分の食物繊維
・ピーマン1個分の食物繊維

・タウリン1000ミリグラム
・タウリン1グラム
・牡蠣3個分のタウリン
・牛肉3キロ分のタウリン
・雨水1滴分のタウリン

・パリのペリフェリック（環状都市高速道路）の内側
・NYのマンハッタン島の面積
・東京ドームの約1360個分
・十和田湖の面積

数字の落差によるトリック

近所のスーパーでバーゲンセールをしていました。価格が次のように表示されています。果たして、どちらのほうが安い印象をうけますか。

A　980円（定価）→930円（売値）
B　1000円（定価）→930円（売値）

多くの人は、Bのほうが、安くなった印象を受けるはずです。これは4桁が3桁に変わったことによる印象操作です。しかし、どちらも売値は同じです。

このような数字のトリックが世の中にはたくさんあります。文章を書くときのテクニックとして覚えておくと便利です。

28

「炎上、インフルエンサー？ハァ？」と思ってもらいたい

セミナーをすると、「炎上は怖くないですか？」と聞かれることがあります。

ここでは、最近の有名な炎上として、２人の事例を紹介します。

１人目は豊田真由子元議員。「このハゲー！」が流行語大賞候補にもなりましたので、説明するまでもないと思います。では、話題になる前から、豊田元議員を知っていた人はどの程度いるでしょうか？

東大卒、ハーバード大院修了、金融庁課長補佐、在ジュネーブ一等書記官、厚労省課長補佐などを歴任したエリートとして早くから政界入りが期待されていました。政界転身後も、厚労副部会長、内閣府大臣政務官、文科大臣政務官、復興大臣政務官の要職に就きます。「朝まで生テレビ！」（テレビ朝日）などにも出演しており、それな

りのメディア露出はありましたが、ご存じでしたか？

2人目は杉田水脈《みお》議員。雑誌「新潮45」2018年8月号に「LGBTのために税金を使うことに賛同が得られるものでしょうか。彼ら彼女らは子どもを作らない、つまり生産性がないのです」などと寄稿して物議を醸しました。

しかし、杉田議員のLGBTに対する発言は、「新潮45」が初めてではありません。2015年に、公式ブログで「生産性のあるものと無いものを同列に扱うには無理があります。これも差別ではなく区別」と発言して物議を醸しています。ご存じでしたか？

さらに、ブログで「障がい者や病人以外は支援策は不要です」と発言し、最後に「この問題を含め、うまくいかないことがあれば国や行政になんとかしてもらおうとする。そういう事例が噴出してきています」「自分の問題は自分で解決できる自立した人間を作るための努力を怠ってきた、戦後日本の弊害かもしれません」と締めくくっています。ご存じでしたか？

炎上を気にする必要はない

「炎上」とは、ネット上などの失言に対し、非難や中傷の投稿が多数届いて、非難が集中することです。

ここで紹介した豊田元議員、杉田議員のケースは一般的にいう「炎上」に当たると思いますが、炎上前から2人を知っていたという人はどの程度いるでしょうか？

これが、ネットの特徴です。ネットなんてそんなレベルだと思えばいいのです。ネットに投稿したり、ネットで記事が目立つと、「インフルエンサー」などと言う方がいますが、これは大きな勘違いです。

炎上などは一般の方であれば無縁の世界です。

私の書いた記事で、数百万PVを稼ぐような記事がいくつもありますが、これは瞬間的に数百万人に〝リーチしただけ〟であり、認知されたわけではありません。これまで、私の記事が炎上したことはありません。

つまり、ネットを見ている人のほとんどが、一瞬、目にした記事を誰が書いたかなんかに興味もなければ、別に知りたくもないということです。たとえ、読まれたとしても、大半の人が翌日には忘れています。

だから、文章を書く前に、炎上を気にしたり過剰な期待をするのは無意味だと考えてください。

29

読者にとってのベネフィットとは何か

今、皆さんは私が書いた本を読んでいます。どんな理由で読んでいるのでしょうか。おそらく、なんらかの「ベネフィット（価値）」があると思って読んでいるはずです。

ベネフィットをもう少しわかりやすく説明しましょう。人の欲求（これが欲しい）を高めるには、「すぐできる」「簡単」などのベネフィットが必要です。人はラクをしたい生き物なので「難しい」と思われてしまうと、ハードルが高く感じてしまいます。これは過去に流行したキャッチコピーなどを見れば明らかです。

例

「レンジでチン」（クックパッド）
↓ 電子レンジを使ってあっという間に料理ができる。
「ロングブレスダイエット」（ダイエット）
↓ 強く長い呼吸をするだけでダイエットができる。

どちらも非常に有名なキャッチコピーですが、手軽に簡単にできることから読者のベネフィットが明確です。

成果を獲得するには継続しなければいけませんが、努力の継続は大変です。そのためにも、取りかかるためのハードルが低いことをイメージさせたほうが読む人には響きます。

仮にこのコピーが、次のようだったらどうでしょうか。

例

「レンジで1時間」
「1年で簡単ダイエット」

かなり印象が異なると思います。

「今日からできる」「誰でもできる」「簡単にできる」などはハードルを下げるための効果的なベネフィットです。このようなハードルを下げるためのベネフィットは覚えておくとよいでしょう。

ベネフィットはビジネス書のタイトルから学べ

ほかにも、「東大脳の鍛え方」（東大に入れる脳を簡単に鍛える）、「ビリギャル」（学年ビリから有名大学に合格）、「医師だけが知っている○○の方法」（医師だけが知っている情報が簡単に手に入る)、「弁護士だけが知ってる○○の方法」(弁護士だけが知っている情報が簡単に手に入る)なども、ベネフィットが明確です。

あるいは、「○○を実現する、3つの方法」(たった3つのポイントで○○が実現できる)、「○カ月で年収○○万円を実現する」「幸運が舞い降りる○○の方法」といったものにも同じ効果があります。

実際の再現性はさておき、このような表現は読む人に伝わりやすいのです。

ベネフィットは、売れているビジネス書や実用書のタイトルを見れば、必ずわかります。

書籍を出版する際には、社内の企画会議を通過しなければいけません。このとき、会議の参加メンバーに響かない企画はボツになります。この、響くポイントこそがベネフィットです。なお、ベネフィットが明確であっても、同じ企画がすでに複数提出されていたり、売れる見込みが立てられないようなものもまたボツになります。

ですので、「ベネフィットとはどういうものか?」「今どのようなベネフィットに注目が集まっているか」を知りたいなら、書店に行ってビジネス書や実用書を見ることをおすすめします。

さて、皆さんも今ビジネス書を読んでいるわけですが、いかがでしょうか。私の本はベネフィットが明確ですか？

第6章

文章は誰の視点で考え評価を求めるか

30 画像を効果的に使って あの手この手で注目させる

あの手この手といっても、やみくもに注目させるというわけではありません。

多くの人にわかるネタを取り扱い、「この情報はご存じでしたか？」と提供して、読み終わったあとに納得感を与えるのです。

たとえば、ニュースであれば、妙に説教っぽいとか、うさん臭い話は嫌われます。また、話のオチが見えない一方通行な書き方でも、共感を得ることはできません。

今は、ブログなどであってもコンテンツ力（記事のクオリティ）の優劣が評価に大きくつながります。読者にとってより納得度の高いコンテンツを作ることが必要になっているということです。実際に、グーグルをはじめとするいくつかの検索サイトではアルゴリズムでコンテンツの良し悪しを判断しています。

そして、ブログやSNSで自分の記事を拡散させるのに、文章のクオリティと同じくらい重要なのが写真です。

ブログやSNSは、本や雑誌のようにじっくり読むというよりも、短い時間の合間をぬってさっと流し読みするメディアです。そのため、文章で長々と説明するよりも、ひと目でわかる写真や画像が好まれます。

刺さるキャプションをつける

しかし、美しい写真をアップしただけでは、「これは何?」ということになりかねません。写真をより引き立たせるキャプションとして、センスのあるひと言が求められます。

たとえば、ただラーメンの写真を見せるのではなく、「唐辛子50個分の殺人的激辛激ウマラーメン♪」などというキャプションが添えられていたら、多くの人々の興味を引きそうですよね。

多くの人が記事の本文にいろいろと書き込みたくなるかもしれませんが、ブログやSNSは長文に適していません。

そのような特徴を考えると、写真などのビジュアルを駆使することはとても大事なことです。だからこそ、短いながらもインパクトのあるキャプションが力を発揮します。

そもそもキャプションは「見出し」という意味です。キャプションに何を書くかで、写真のどんな点に注目してほしいかを明確にできます。

ただし、あくまでも**キャプションの役割は補足**であることを理解しましょう。Webメディアに載っている写真のキャプションを見ると、記事の説明を端的に補足しているだけです。もし、ご自身がキャプションを作る場合は、説明がダラダラしていないかに注意してください。

また、キャプションは、その商品の一番強い特徴を魅力的に見せることが必要です。たとえば、大きなものならばどのくらい大きいのかそのサイズや重量、あるいは「ふわふわ」「とろとろ」といった質感であれば、まるで読者がさわっているかのようなリアリティを盛り込むのです。そのためにはあなたが一番最初にその商品にふれたときの感覚が大事になります。

ぜひ、読者のイメージをかき立てるキャプションを目指してください。

31 「伝えたいこと」を読者の印象に残すには？

ブログやSNSで読まれる文章を書くには、テクニック以上に、「私はこれを伝えたい！」という強い気持ちが大切です。私がニュースサイトに記事を寄稿するときは、すべて自分なりの見解を入れるようにしています。

最初は自分の意見を入れることは恐いかもしれません。記事を読んだ見ず知らずの人から批判をされるかもしれません。実際、私も自分の意図がまったく伝わらずに曲解されて伝わったことが多々あります。とはいえ、そこから学ぶことも多かったように感じています。

他人からの批判を恐がって、当たりさわりのない記事を書く人がいます。しかし、それでは結局、何の着地点もない記事に仕上がってしまい「意見のない執筆者」というレッテルを貼られてしまうかもしれません。

ブログや、ＳＮＳに書く記事は、なんらかの話題になるエッセンスが含まれているものです。場合によっては、読者を敵にまわしたり誹謗中傷を受けることがあるかもしれません。しかし、顔の見えない相手を恐がっていては、世間に影響を与えるような文章は書けません。

そもそもブログやＳＮＳの投稿は、誰かに強制されているものではありません。基本的には自発的に行なうものでしょう。

胸に秘めておけばよいはずの思いをわざわざ公開するのですから、そこには「誰かに見てもらいたい、知ってもらいたい」という気持ちがあるはずです。

伝えたい思いを大事に、自分を信じて書く――これも文章力をアップさせるために必要な要素ではないでしょうか。

感情のおもむくままに書いてはいけない理由

そして、気をつけなければいけないことがあります。

まず、読者に気持ちよく文章を読んでもらうには、相手を不快にさせないための配慮が必要になります。昨今、SNSで相手を誹謗中傷する文章を見かけますが、読んでいて気持ちのいいものではありません。また明らかな中傷でなくても、単刀直入すぎるなど小さな不快ポイントがあると良質な読者は離れていきます。

また、中には読者からの心ないコメントに激怒して、感情にまかせるまま、反論している人を見かけることもあります。

しかし、そういうときこそ、いったん心を落ち着かせてください。大人の対応をすることで「あの人はこのような暴言に対しても冷静に対処できる」と高い評価を得られるはずです。

ブログやSNSは私的な空間です。好きなことをいくら書いてもかまいませんが、一般に公開するということは、思わぬ読者が存在するということを覚えておきましょう。

たとえば、仕事で失敗したり、人間関係がうまくいかなかったりしたときのグチや批判を投稿する人がありま す。万が一、職場の上司や取引先の人が見ていたら人間関係によくない影響を及ぼすこともあるでしょう。

文章は書いて終わりではありません。書いて、読まれて、そこから思わぬ事態に発展することだって多々あるのです。

ですから、私は公開する文章を書く場合は、「自分が何をどう伝えたいか」だけではなく、読まれたあとの影響も考えます。文章を読んで、どう捉えるかは人それぞれです。

特にインターネットのように読まれる範囲が広ければ広いほど、読者の捉え方も広がることをきちんと念頭に入れておく必要があります。

32 時代はアウトバウンドからインバウンドへ

これまでの情報発信の手法は「アウトバウンド」が一般的でした。たとえば、企業が発信して消費者に売り込むパターンがアウトバウンドに当てはまります。その際は、発信する情報の効率性が求められました。広告であればデザイン力や新奇性、大量投下によって注目を集める手法がそれに当たります。しかし、最近では「インバウンド」にシフトしています。

インバウンドとは、**「消費者に関心のある情報を提供してサービスを利用してもらうこと」**です。

たとえば、ある企業がSNSから情報を発信したとします。消費者にとって情報が有益であれば、そのあとも継続的にサービスを利用してくれるでしょう。そして、サービスの利用はほかのユーザーへと拡散するでしょう。

多くの人に読まれるために心がけること

これをサービスではなく文章に置き換えてみます。実は同じことがいえるのです。

「SNSは自分専用のメディアだから何を発信してもかまわない」などと思ってはいませんか。確かに、SNSは自分が好きな情報を自由に発信できるメディアですから、日記や身辺雑記のような内容の投稿でも問題はありません。

しかし、中には、自分の考えや主張を世の中に広く発信したいという人もいると思います。

「特定の人にだけ伝わればいい」というのであれば、自己主張や専門性を盛りこみ、対象ではない読者にとっては読みにくい文章でもかまいません。しかし、「より多くの人に読んでもらい、自分の考え方を広く伝えたい」というのであれば、考え方を変えなくてはいけません。

まず、読者に興味を持ってもらえるように、わかりやすく伝えることが必要になります。私がニュースサイト向けの記事を書くときは、いつも多くの人に読んでもらうことを意識しています。

もし、ネット上でのニュースサイトが、極端に個人的な主張にあふれていたり、専門的すぎてわかりにくい記事ばかりだったらどうでしょうか。誰もニュースサイトなど読まなくなるのではないでしょうか。

また、ニュースサイトに記事を投稿する場合、その記事はオピニオンとして位置づけられることがあります。そして、内容については執筆者が全責任を負い、転載先のサイトにも実名で投稿されます。数万ＰＶ、多ければ数百万ＰＶを獲得することもあります。

読者が求めている情報は、特ダネやスクープ、世の中に対する警鐘、日々の暮らしに役立つ情報などさまざまです。影響力のあるサイトに寄稿するのであれば、自分の立ち位置を考慮する必要があります。そして、**読者が自分の文章をどう受け取るのか、つまり読者への影響力を考えて書かなければいけません。**

自分の意思や考えに自信を持ち、広く明確に伝わるようにとの思いから、掲載されている文章の多くは断定系で強い主張が盛り込まれています。

このようなサイトは特殊な例だとしても、世間一般に公開する文章を書くときは、「いつ、どんな場合も読者が存在する」ことを忘れないようにしましょう。

33 「付加価値」や「独自性」の正体とは？

読者が文章を読むときの行動はコンビニエンスストアで買い物をするときに似ています。

仮に同一の地域内に、ほぼ同じような商品を取り扱っているコンビニエンスストアが3軒あったとします。このような場合、おそらく各店舗の店長は、ほかの店舗と比較して消費者にとってメリットの高い展開をすることで、消費者の取り込みを図るはずです。

各店舗の特徴は次の通りです。

・A店は、○駅で下車、西口徒歩1分の場所にあります

・B店は、年中無休で営業しています
・C店は、主に食品、日用雑貨類など多数の品種を扱っています

もっと詳しい情報が知りたいと思い、調べたところ、次のことがわかりました。

・A店は、健康や美容に配慮した商品が豊富です
・B店は、おにぎり、お弁当、お菓子までヘルシー志向です
・C店は、健康の意識が高い人からの支持が高いです

このような特徴では、消費者のニーズに応えることはできません。

そのお店で買わなければいけない理由がないのなら、ほかのもっと安いお店で買う人もいるはずです。

まず「付加価値」を作ってから「独自性」に向かう

こんなときに必要になるのが「付加価値」の考え方です。付加価値とは、ほかとは異なるなんらかの価値を加えることです。付加価値が定着することで「独自性（オリジナリティ）」につながります。

ビジネスの現場では、「オリジナリティ」という言葉をよく耳にしますが、よほどの天才でもない限り、いきなりオリジナリティの高いビジネスモデルなど思いつきません。まずは、ライバルと自分を比較して付加価値を明確にすることから始めて、それができたら次にオリジナリティの構築に取りかかるという順番にするべきです。

それでは、A店の店長になったつもりで、付加価値のアイデアを出してみます。

- 当店は、20代OLにミートさせた品ぞろえに変更します
- 当店は、AM10時～PM18時にファッション誌を購入した方に付録をつけます
- 当店は、特製ヘルシー弁当を購入するとドリンク類が半額で購入できます

・当店は、購入100円につき1ポイントを付与します

……ほかにもまだありそうですね。

「付加価値」は自然なものでなければいけません。あまりにも意識しすぎると卑屈になって発信できなくなります。自分は何ができるのか「たな卸し」をしましょう。

コンビニの話であれば、納入の際に独自基準で品定めをしているとか、曜日ごとに納入基準を変えているとか、気温や湿度で品ぞろえを調整するということも差別化になります。

文章における「付加価値」とは？

ではこれを文章に置き換えてみましょう。

文章にとっての「付加価値」とは「おっ、そうなのか！」と、知の発見につながることです。ズバリ、読者にとってメリットを感じる文章です。

読者のメリットとは、「こういう意味があったのか」「こんな狙いがあったのか」という、新発見が得られるものや、面白みがあるものです。これはほかと比較した場合、明らかな「付加価値」につながるはずです。

たとえば、ある人物について文章を書く機会があったとします。そして、その人物が一般的には知られていなかったとします。その紹介記事が、ヨレヨレのスーツに銀縁眼鏡、しかめっ面《つら》をしている証明写真のような画像に、堅苦しい文章だったらどうでしょうか。

読者は最初にビジュアルに目がいき、「この人は堅そう」「とっつきにくそう」などマイナスのイメージを抱くはずです。最初にマイナスイメージを持たれたら、あとから好転させることは難しくなります。

こんな場合こそ、付加価値を盛り込むのです。読者が抱いたイメージを、文章で「肯定的に裏切る」ことで興味を引くことができるはずです。

たとえば、「業界をリードするA社長のマル秘過去」という一文が、見出しや導入の文章に入っていたらどうでしょうか。さらに、次のようなキャプションが加えられていたとしたらどうでしょうか。

例

「今では偉そうに1000人の社員を率いていますが、中学、高校時代はやんちゃでした。地元の警察に補導されたのも一度や二度じゃありません。高校を中退して、大検で東大に入るなんて思いませんでした。在学中に司法試験に合格しました。この勉強法はマル秘テクニックですね」(A社長談)

こんな本人のコメントが添えられていれば、ビジュアルとのギャップで記事は自然と盛り上がるはずです。

「世の中にそんな人がいるのか!」と、驚きをもって読んでもらえたら成功です。おそらく、多くの読者がこの人物のことを「もっと知りたい!」と思い、文章を読んでもらえるはずです。

読者は、何か1つでも新しい発見があれば、次の文章へと読み進んでくれます。「肯定的に読者を裏切る」情報を盛り込むことで、文章が広がり、読者に満足感を与えてくれます。

そのためには、読者が何を喜ぶのか、どんなことが当たり前で、どんなことなら発見になるのか、ターゲットについて深く知ることが大事です。

文章は読者のためにあるものです。読んでくれる人に、何を与えられるのか、そんなサービス精神を持って書くことが「付加価値」や「独自性」につながるはずです。

34

絶対に使ってはいけない政治家言葉

「お役所言葉」というものがあります。そして、同様のものに「霞が関文学」とか「永田町文学」があります。要は、政治家や役人が使う、責任逃れを前提に使うあいまいな言葉のことです。

皆さんも「可及的速《かきゅうてきすみ》やかに対処する」「虚心坦懐《きょしんたんかい》に受け止める」といった言葉を聞いたことはあると思います。こうした言葉は文章としては最悪で、何も伝えていないことと同じです。

「検討する」「配慮する」「考慮する」などの言葉は、何かをすることを示唆しながら何もしない場合に使用されます。文字通り、「検討する」だけでは何も改善しません。

さらに、抽象化をうながすために「～化」や「～性」などの接尾語が用いられます。接尾語は単独では用いられる語ではありませんが、種類が多く造語力が高いことに特徴があります。

これらはあいまいな言葉なので、言質を取られたくない人にはピッタリな言葉です。たとえば、政治家が公約をしながらあとから撤回をすることがあります。しかし、本人は「撤回をした」とは言わないでしょう。「～を慎重に精査したうえで決定した」とするはずです。

「期日」や「数値」を入れてあいまいさを排除する

かつて選挙公約でお役所言葉を多用した政治家がいました。どうすれば公約に対する本気度を確認することができるでしょうか。簡単なのは、「期日」や「数値」を入れることです。

例

【お役所言葉の例①】
○○の無償化については十分に検討したうえで回答する。
←
〈修正後〉○○の無償化については○月○日までに回答する。

【お役所言葉の例②】
待機児童問題については十分に検討し対応を協議する。
←
〈修正後〉待機児童問題については○月○日までに対策を回答する。

【お役所言葉の例③】
パワハラの実態を究明し、可及的速やかに対処したい。

〈修正後〉パワハラ問題について○月○日までに対策を回答する。

↑

いかがですか。だいぶ改善されてきましたね。

文章には、誰が読んでも同じように理解ができる言葉を使わなければいけません。

大切なことは言葉が何を意味するのか明確化することです。

「前向き」とは何を基準にして判断するのか、「対応を協議する」とは具体的に何を話し合うのか。「期日」や「数値」を入れることでわかりやすくなります。

第7章

そのメール、
相手に刺さりますか？

35

メールという道具の〝役割〟を考えてみよう

メールは相手の時間を拘束しないコミュニケーションツールです。打ち合わせの日程を決めたり、資料の確認をしたり、ビジネスでは多くの確認ごとがメールで行なわれます。最初にメールの役割と注意点について考えてみます。

メールはさっと目を通せますが、このさっと目を通す数秒で感じる直感はとても大きいものです。日程調整をメールでやりとりする際、なんの限定もなく「いつがよろしいですか？」と聞かれても、漠然としすぎています。多忙なときや無理して約束を設定する必要のない相手だと、なおさら返信に困ります。

かと言って、「来週木曜日の14時～15時でいかがでしょうか」と、いきなり日時をピンポイントで指定されるのも唐突すぎて困ります。このようなメールを出していてはデリカシーのない人と思われても仕方がありません。
相手の立場を考えられる人であれば「来月あたりはいかがですか？」とか「今月の20日以降でご都合のよい日程はありますか？」など、ゆるやかな期限のアプローチをするものです。ゆるやかなアプローチであればスケジュールを確認する気にもなります。

忙しい人との日程を調整するときは、「月初めでいかがですか」「週明けでいかがですか」などと、範囲を狭めてアプローチすると、スムースに進むでしょう。

受けとる側の気持ちを考える

生命保険会社の営業マンからのメールを例にしてみましょう。

例

1　○○様、「いつがよろしいですか？」
〈受け取る側の気持ち〉
生命保険はすでにいくつか入っている。今以上のコストはかけられないな。現状では不満もないし、会うのが面倒だな。よし放っておこう。

2 ○○様、「来月あたりはいかがですか？」

〈受け取る側の気持ち〉

来月の予定は決まっていないけど大切な用事が入る可能性もある。すぐに返信せずに予定を見ながら検討しよう。しばらく放っておこう。

3 ○○様、「お忙しいところ恐縮ですが、来月初旬ではいかがですか？」

〈受け取る側の気持ち〉

いくつか予定が入っているが、ピンポイントなら空けられなくもないかな。メリットの高い提案をするように伝えてみようかな。まあ、ピンポイントならいいか。

曜日や時間を確定させないにしても、ゆるやかに狭められたアプローチは相手に受け入れられやすいのです。この機会にメールの役割について考えてみましょう。

36

相手を不快にさせるメールに要注意

メールで依頼をするとき、相手への配慮は必須です。

たとえば、プレゼンや大切な打ち合わせに取引先の上司の同席を願い出る際、「上の方もご同行くださ い」と、記載してくる担当者がいます。これは「上司を連れて来てください」という意味ですが、受け取った相手はどのように思うでしょうか。「あなたでは力不足だから上司を連れて来て」と解釈するはずです。

そんなつもりはなくとも、ニュアンスが伝わりにくいのがメールの特徴です。打ち合わせの内容上、「決定権のある上司に同席してもらいたい」ということはあります。ただし、このようなアプローチはマイナスな印象を与えてしまい、そのあとのビジネスにも悪影響を与えかねません。また、会社の品位を落とすことにもなりかねません。

上司を同席させたいときには、次回の打ち合わせについての詳細をメールで送り、「追ってご相談させていただきたいことがあるので、お電話いたします」という言葉を加えると角が立ちません。そして、電話で次のような話を担当者と直接するのです。

例

尾藤「この提案の意思決定者は○○様ですか？」（○○は担当者の名前）
相手「いや、統括部長の井上になります」
尾藤「で、あれば井上部長に同席してもらうのはいかがでしょうか。万が一、流れたとしても、○○様はリスクヘッジができますから」
相手「スケジュールも含めて社内調整が必要ですね。どうしたらいいですか？」
尾藤「では、必要な資料は私が用意しましょう。その上で、同席ができなくてもまったく気にしないでください」
相手「いやー助かります。ありがとうございます」

このやりとりは、上司にリーチすることを目的にしながら、担当者に敬意を払い、判断を相手にゆだねているのがポイントです。メールがどんなに便利なツールだとしても誤解を生んでしまっては元も子もありません。メール＋αの連絡方法を考えるようにしましょう。

過度な丁寧は迷惑になる

また、丁寧すぎるやり取りは相手に負担を与えてしまうことがあります。このパターンも要注意なので覚えておきましょう。

以前、打ち合わせを兼ねた食事の誘いを受けたときのことです。先方から「苦手なものはありますか？」と連絡がありましたので、私は「苦手なものはないのでおまかせします」と返信をしました。

そのあと先方は、「どの店がよさそうですか？」と、店の候補を3軒挙げてきました。正直なところ、お店のHPを確認するのも面倒でした。メールはすきま時間に書ける手軽なツールですが、過剰に丁寧なやりとりは相手に負担を与えてしまいます。

この場合は、「おまかせします」と言っているので、接待する側が店を決めるべきでしょう。

このとき私はどのお店のことも知らないので「おまかせします」と返信しています。3軒の中で選んだお店がイマイチであれば、接待する側も気まずい雰囲気になります。そうなったらせっかくの食事も台無しです。判断が難しいのはわかりますが、仕事上の付き合いの場合、むやみやたらに相手に決定権をゆだねるべきではありません。**丁寧な対応のつもりが、相手にしてみたら迷惑な場合もあります。**相手とはどのくらいの関係か、どの程度の気づかいが必要か、常に自分が受け取る側になって、スマートな対応を心がけましょう。

37 相手を不快にさせないクッション言葉

ビジネスメールにはさまざまな要件がありますが、どのような場合でも、相手を不快にさせてはいけません。そのときに、有効なのが、「クッション言葉」です。ひと言加えるだけで、言い方がソフトになる魔法の言葉です。

覚えておくと便利なクッション言葉を、使用例とともにまとめたので、参考にしてください（※（　）内がクッション言葉です）。

例

【依頼する場合】

・（差し支えなければ、）ご都合をお教えください
・（お手数をおかけしますが、）ご検討をお願い申し上げます
・（恐れ入りますが、）少々お待ち下さい
・（大変恐縮ですが、）調整をお願いいたします
・（ご面倒をおかけしますが、）ご回答をお待ちしております
・（可能であれば、）変更をお願いいたします

【断る場合】

・（申しわけございませんが、）ご遠慮いただけませんか
・（大変残念ですが、）訪問することができません
・（せっかくではございますが、）今回は欠席させてください
・（あいにくですが、）その日程は予定が入っております

【反論する場合】
・（お言葉を返すようですが、）承服しかねます
・（その通りですが、）同意しかねます
・（おっしゃることは理解できますが、）プランの実現は難しいと思います

【（ネガティブな事柄などを）報告する場合】
・（大変申し上げにくいのですが、）A社の案件を失注しました
・（誠に勝手ながら、）その日はお休みをいただいております
・（あいにくですが、）ほかの電話を受けております

人は正面から反論されたり、攻撃されると身がまえてしまうものです。メールという無機質な文字だけでのやりとりだからこそ、このクッション言葉を添えるだけで、相手を直接攻撃するような強さが和らぎます。

ぜひ、これらのクッション言葉を効果的に活用して、良質なコミュニケーションをとるように心がけてください。

断っても、相手に好印象を残すテクニック

次に、断り文を好印象にする方法を覚えましょう。相手に配慮することは断りのメールでも同じことです。むしろ断る場面でのほうが、より気づかいが必要かもしれません。ここでは不採用通知の例文を考えてみます。これをもとに、気配りのコツを考えましょう。

例

【一般的な不採用通知メール】

○○様

先般は弊社の面接にお越しいただき、ありがとうございました。

慎重に選考を進めた結果、貴意に添いかねる結果となりました。

何卒ご了承いただければ幸いです。

貴殿の今後益々のご活躍をお祈り申し上げます。

株式会社××　採用担当

これは一般的な不採用通知です。どこにでもあるような定型の例文をコピペして送ったかのような不採用通知です。ここに気づかいのひと言を添えると、どう変わるのでしょうか。

例

【気づかいのある不採用通知メール】

○○様
先般は弊社の面接にお越しいただき、ありがとうございました。
慎重に選考を進めた結果、貴意に添いかねる結果となりました。
何卒ご了承いただければ幸いです。

お待たせしてしまい、申し訳ございませんでした。
採用担当としてもさまざまに考慮しましたが、力が及びませんでした。
貴殿の今後益々のご活躍をお祈り申し上げます。
株式会社××　採用担当

たった2行加わるだけで、受け取る側の印象が変わるはずです。さらに、採用担当者が社会人の先輩として、応援の気持ちを添えるとしたら、次のようになります。

例

【さらに好感度の高まる不採用通知メール】

○○様
先般は弊社の面接にお越しいただき、ありがとうございました。
慎重に選考を進めた結果、貴意に添いかねる結果となりました。
何卒ご了承いただければ幸いです。

あなたにとっては残念な結果となりましたが、努力には敬意を表します。
再度奮起され、次こそは内定通知を受け取られるよう願っております。
貴殿の今後益々のご活躍をお祈り申し上げます。
株式会社××　採用担当

このような文面なら、たとえ不採用だったとしても、それほど悪い印象は与えないはずです。就職活動はつらいものです。ひと言添えるだけで相手を応援できるなら、こんなひと工夫があってもいいと思います。

人気企業であれば数万人のエントリーが殺到します。採用数にかかわらず、人事担当者は数名体制が一般的です。すべての学生に公平に時間をかけることは非効率ですから、学歴フィルターでスクリーニングしなければ対応できません。

本来は不合格になったとしても、ネガティブな印象を持つことなくフェーズアウトしてもらうことが求められるはずです。しかし、適切なマッチングは徹底されません。

不採用通知は会社を代表して送るメールです。たとえ不採用にしたとしても会社のファンでいてもらう必要があります。会社によいイメージを持ってもらったままのほうがいいでしょう。この先どんなご縁があるかわかりませんし。

現代はネット社会、冷たい不採用通知メールが原因で、ＳＮＳ上で悪い評判が拡散されることもあります。また、不快なメールがもとで、その会社の商品を購入しなくなったというケースも珍しくありません。

数年前、大手電機メーカーで採用担当者の操作ミスにより不合格通知が何通も届いてしまうトラブルが発生したことがありました。

さらに、一部の大学が選考に有利であることも明らかにされ、匿名掲示板を通じてまたたく間に拡散したことがあります。どんなときも、会社の顔としてメールを送っているということを忘れないようにしましょう。

38

メールは気を利かせるだけで印象が変わる

現代の連絡手段は電話よりもメールが主流です。しかしメールは、相手がいつ読むのかわからず、電話に比べて微妙なニュアンスが伝わりにくいというデメリットもあります。

また、昨今のビジネスメールを見ていると、わかりにくい文章、不快な文章も多々見られます。知らず知らずのうちに伝わりにくいメールを送って、ビジネスチャンスを失っている恐れもあるということでしょう。

人は見た目の先入観で印象を決めてしまいます。先入観とは、誤った認識によって妥当性に欠ける評価をすることです。「この人は清潔感があるから仕事ができそう」とか「この人はだらしないから仕事ができないだろう」などと勝手な解釈をされてしまいます。

身だしなみを整えるのは社会人の常識です。同様にメールの文章も身だしなみが大事です。簡単な文章1つとっても、ビジネスマンとして「できる／できない」を判断されてしまうのです。

この項ではビジネスメールを中心に、ビジネスマンとしてのセンスをワンランクアップする簡単なコツを紹介します。

短く、的確に要点を伝えることを心がける

仕事の現場では日々大量のメールがやり取りされます。受け取るメールがあまりに量が多いと、そっけない連絡や失礼な言葉づかいのメール、要点を得ないメールなどはついあと回しにしてしまいがちです。

メールを書くときに優先するべきは、短い時間で、的確に相手に要点を伝えることです。**ビジネスメールの基本的な流れは、「あいさつ」→「何についての連絡か」→「連**

絡内容の詳細」→「相手への気づかい」→「お願いのひと言」です。5W1H（誰が、誰に、いつ、何を、どうして、どうやって）をしっかり盛り込み、漏れのないようにしなければいけません。

仕事ができる人は、お礼文ですら気が利いているものです。短いながらも気持ちがきちんとこもっているのです。

たとえば、飲み会でごちそうしてもらったあと、仕事を手伝ってもらったあと、ミスをリカバリーしてもらったあとなど、社会人として、お礼メールを送るのは常識です。そんなお礼メールも少し気を利かすだけで大きく印象が変わります。具体的にはどういうものか、例を見てみましょう。

例

【一般的なお礼メール】

このたびは、ごちそうになり、ありがとうございました。
また、お土産までいただき恐縮です。
取りいそぎ御礼申し上げます。

こんな文章ではまったく印象に残りません。「せっかくお土産まで渡したのに」と、相手に物足りない印象を与えかねません。このような場合は、感謝の気持ちをひと言でいいので、具体的に書き添えましょう。

例

【デキるビジネスパーソンのお礼メール】

このたびは、ごちそうになり、ありがとうございました。
また、お土産までいただき恐縮です。
取りいそぎ御礼申し上げます。

追伸（PS）
実は初めて、○○を食べました。
まさか、食べられるものとは知りませんでしたので大変驚きました。
あのような調理法も知りませんでした。
楽しい時間はあっという間に過ぎてしまいましたが、ぜひ、またの機会にお目にかかりたいと思います。お土産までいただいて恐縮です。
本当にありがとうございました。

冒頭の3行は定型なので同じ文面でかまいません。ポイントは「追伸（PS）」以降です。ここに何を書くかで、相手が受ける印象が変わります。メールをもらった相手も、具体的な感想があるとうれしいもの。次の機会へとつながる可能性も高まるでしょう。

お礼メールで押さえたいのは相手への配慮です。ちょっとした気づかい、気配りとして実感を添えることで、あなたの印象が大きく変わっていきます。

39

謝罪メールはフォーマットを用意しておく

お詫びをしなければいけないとき最初に何を考えるべきでしょうか。

謝罪の原則は、直接謝罪です。相手に会って謝罪することが礼儀ですが、電話もつながらず、すぐに会うことができない場合は、最後の手段としてメールによる謝罪をしなければいけません。このときは相手に「軽く扱われている」と思われないように気をつけなければいけません。

謝罪の中でも難しいのは不手際が生じた場合です。

たとえば、部下が相手に非礼な態度をした場合です。次のケースは、打ち合わせ中に部下がスマホをいじり出してトラブルに発生したという設定です。

皆さんも一緒に考えてみてください。

〈シチュエーション：来期にむけたOA機器導入に関する打ち合わせ〉

先方（決定権のある事業部長と担当者）、当方（私と入社2年目部下）による打ち合わせ中に、部下（N氏）がひんぱんにスマホ画面を見ていた。事業部長はかなり不快に思ったらしく、「発注企業を変更せよ」との指示があった。当方が謝罪をして、

先方が受け入れない限り取引に影響を及ぼしかねない状況である。

例

【部下の不手際に対するお詫び】

○○様、大変お世話になっております。
△△社の△△でございます。

昨日、社員のNが大変失礼な態度をして申し訳ございませんでした。
すべては上司である私の責任であると痛感しております。

Nに確認をしましたところ、私用ではなく、打ち合わせの時間を確認していたとのことでした。しかし、断りなしにスマホの画面を見ることは非常識です。Nには厳しく注意・指導をしました。本人も深く反省しております。

後日、改めてお詫びに伺いたいと思っておりますが、急ぎメールにて、ご連絡いたします。

どうか、今後とも変わらぬご指導・ご鞭撻を賜りますよう、お願い申し上げます。


部下が取引先に対して失礼な態度をとったとき、その責任は上司にもあると判断されます。上司として、会社を代表してお詫びをする姿勢が大切です。

また、後日きちんと会って謝罪したい気持ちがあることも伝えなければいけません。

謝罪のメールが今後の関係性を変えることがありますので慎重な対応が求められます。

軽微な謝罪のメールはフォーマット化しておく

謝罪メールの重要性はご理解いただけたと思いますが、謝罪には今のような甚大なものから軽微なものまで存在します。甚大なものは、状況を冷静に観察したうえで対応する必要がありますが、軽微なものはフォーマット化しておいたほうが汎用性が高く便利です。

たとえば、次のようなケースであればフォーマット化が可能です。

例

【日程変更に関するお詫び】

○○様、大変お世話になっております。
△△社の△△でございます。
先日、お願いいたしました7月3日（火曜日）10時からのお打ち合わせの件でお願いがございます。
のっぴきならない事情があり、変更いただくことは可能でしょうか。
7月5日（木曜日）13時〜17時まで可能
7月6日（金曜日）13時〜17時まで可能
お忙しい中、日程調整いただいたにもかかわらず、急な変更のお願いでご迷惑をおかけいたします。
上記日程で都合が悪い場合、いくつか候補を挙げていただければと存じます。
ご確認、お願い申し上げます。

まれにアポイント調整にいたった理由を書く人がいますが不要です。緊急事態を伝える意味で「のっぴきならない事情」とすればいいでしょう。日程調整は社内、社外問わず多い事案ですが、スムースに次の予定を確定させるために新たな候補日を明記してください。

「日程変更に関するお詫び」に関しては、このフォーマットを使うことで統一化が図れます。軽微な謝罪でもゼロから文章を考えるには手間がかかります。事案ごとにフォーマット化しておくことをおすすめします。

40 メールは会話調にするとよくわかる

コミュニケーションの手段としては当たり前のメール。ちょっとした使い方で「知性」がにじみ出るツールなので注意も必要です。

最近、話題になるのが「ウザいメール」。実はウザいメールにもパターンがあります。

メールは会話に置き換えるとわかりやすくなります。

次のような会話をどのように感じるでしょうか。

例

自分「あのさ、昨日、今話題の「新宿ラプソディ」（仮名）を観てきたんだ！」

相手「ふ～ん、オレは特別試写会で1カ月前に観たよ。○○や△△があってね」

自分「えっ、そうなんだ？」

相手「なんだ、そんなの知らないのかよ。○○や△△は常識だよ!!」
自分「へえ～」
相手「実は、□□のシーンが一番ポイントなんだ。そしてね～」
自分「……」(無言)
相手「うんちゃらかんちゃらで～、ほにゃららで～」
自分「……」(意気消沈)

これは、いわゆる「会話泥棒」というものです。どんな会話でも、強引に自分の話のように持ち去り、不快にさせるテクニックは、まさに「お見事」としか言いようがありません。この会話のようなメールのやり取りをしたら、かなりの不快感を感じるでしょう。このケースは会話調にすることで問題点が明らかになりました。

さらに、会話泥棒以外にも問題点があることがわかります。結論が見えないためイライラします。これはメールにおいても同じことです。メールを見ると、必要のない前置きをぐだぐだ入れている人が多いことに気づきます。いくつか紹介しましょう。

例

A（さきほど聞こうと思ったのですが、）連絡先を教えてください
B（基本的には、）来月の発売が濃厚となりました
C（まったく問題ないのですが、）可能なら1点だけ修正してください

（）内の文章は、削ってもまったく問題のないフレーズです。

Aは今さら話題にすること自体に意味がありません。

Bは「基本的に」がどの言葉にもかかっていません。

Cは、問題があるのかないのかわかりにくいです。問題がないなら（）内の言葉はより失礼に当たります。

このような表現は、伝えにくいことを伝えようとするときに発生しがちです。歯切れが悪いのでストンと腹落ちしません。ビジネスメールでは不適な文章です。

要領を得ないメールは絶対に送らない

さらに、総じて何が言いたいのかわからない文章も存在します。以前、商品企画のコンペに出て、結果を知らせるメールが届いたのですが意味がわからなかったことがあります。次のような内容です。

○○社　尾藤様

お世話になります。先日のご提案の件で上司と相談したところ一定の理解を得られました。

部内ではスケジュール的に難しいのではないかという意見がありましたが、再度説明をしたところ問題点は払拭できました。

昨年並みの予算を計上しておりますが、昨今の不況により予算削減の動きがあり

1割程度の減額をお願いしてはどうかと上司に言われました。上司と何度も話し合ったのですが意見は変わりませんでした。私としては従来どおり御社に発注したいのですが、意見がまとまらずいったん見送らせてください。

今後ともお世話になりますのでよろしくお願い申し上げます。

結果的には、発注されなかったのですが、変にもったいぶっているので何が言いたいのかよくわかりません。

時折、結論に至るプロセスを長々と説明する人がいます。説明が明瞭であればいいのですが、このようなメールでは混乱を招くだけです。

経緯の説明はまったく不要とまでは言いませんが、相手にとって関心があるのは「合否の結論」です。結論を伝えるようなメールの場合はできるだけシンプルにまとめたいものです。また、そもそも書く必要がないなら、その部分の文章を構成すること自体がムダになります。わかりやすい表現を用いるようにしましょう。

メールの使い方には「知性」がにじみ出ますから注意が必要です。

おわりに

この本を読んでくださり、本当にありがとうございました。

セミナーなどをしていると、「文章が書けたらいいな」と思う一方で、「私にはできない」と考えてしまう人が多いことに驚かされます。

本文でも言いましたが、私たちが日常使用する文章は、小説ではありません。仕事やメール、ブログやSNSで使用する文章に、文芸的なカッコよさは必要ありません。とにかく下手でかまわないので、書くことを始めてしまいましょう。

まずは、「刺さる」「伝わる」「心をつかむ」ことを意識することです。そして、最初の3行（100文字）に注力してください。読者は最初の100文字で興味を持てないとストを行使するからです。

私はいくつかのニュースサイトを中心に、コラムニストとしてさまざまな分野の記事を寄稿していますが、最初からうまく書けたわけではありません。

書いているうちに、いつしか多くの人に読まれる「伝わる文章」を速く書けるようになっていたのです。

文章を書くことは、コツさえ覚えてしまえばそんなに難しいことではありません。それには、書きつづけることです。書くことが一番の近道です。あなたなら、きっとうまくいきます。


そして、「人を動かす」文章を書けるようになれば、必ず「結果を出す」ことができ、素晴らしい未来が拓けてくるでしょう。

「あなたの、大切な人のために文章を書いてみませんか?」

尾藤克之

2019年5月　「草燃える」伊豆の願成就院にて

主要参考文献

●『しっかり！　まとまった！　文章を書く』（前田安正、すばる舎、2015年）
●『マジ文章書けないんだけど　～朝日新聞ベテラン校閲記者が教える一生モノの文章術～』（前田安正、大和書房、2017年）
●『人を操る禁断の文章術』（メンタリストDaiGo、かんき出版、2015年）
●『伝わる・揺さぶる！　文章を書く』（山田ズーニー、PHP新書、2001年）
●『書いて生きていくプロ文章論』（上阪 徹、ミシマ社、2010年）
●『短いフレーズで気持ちが伝わる　モノの書き方サクッとノート』（平野友朗、永岡書店、2014年）
●『文章力の基本』（阿部紘久、日本実業出版社、2009年）
●『問題を解くだけですらすら文章が書けるようになる本』（山口拓朗、総合法令出版、2016年）
●『大人の語彙力使い分け辞典』（吉田裕子、永岡書店、2018年）
●『文章読本』（丸谷才一、中公文庫、1995年）
●『新装版　限りなく透明に近いブルー』（村上龍、講談社文庫、2009年）
●『壁』（安部公房、新潮文庫、1969年）
●『モテすぎて中毒になる男女の心理学』（神岡真司、すばる舎、2018年）
●『あなたの文章が劇的に変わる5つの方法』（尾藤克之、三笠書房、2018年）
●『即効！　成果が上がる文章の技術』（尾藤克之、明日香出版社、2018年）

尾藤克之（びとう　かつゆき）

コラムニスト、明治大学サービス創新研究所研究員。

東京都出身。代議士秘書、大手コンサルティングファームにて、経営・事業開発支援、組織人事問題に関する業務に従事、IT 系上場企業などの役員を経て現職。現在は障害者支援団体のアスカ王国（橋本久美子会長／橋本龍太郎元首相夫人）を運営している。NHK、民放の TV 出演、協力多数。

現在、コラムニストとして、朝日新聞「telling,」「オトナンサー」「アゴラ」「J-cast」で執筆中。著書は『あなたの文章が劇的に変わる５つの方法』（三笠書房）、『即効！　成果が上がる 文章の技術』（明日香出版社）など 10 冊以上。

埼玉大学大学院博士課程前期修了。経営学修士、経済学修士。

3行で人を動かす文章術
世界一シンプルな方法で結果を出す

2019年6月16日　第1版第1刷発行

著者　尾藤克之

発行所　WAVE出版
〒102-0074　東京都千代田区九段南3-9-12
TEL 03-3261-3713　FAX 03-3261-3823
Email：info@wave-publishers.co.jp
http://www.wave-publishers.co.jp

印刷・製本　萩原印刷株式会社

NDC159　208p　19cm　ISBN 978-4-86621-212-8